D1421165

Arnold Heertje

Marketing
in een notendop

2001 Prometheus Amsterdam

© 2001 De Echte Kern, Naarden
Omslagontwerp Erik Prinsen, Venlo
Omslagillustratie G.J. Staller (1880-1956), vismarkt in Amsterdam, aquarel
ISBN 90 446 0013 3

Inhoud

Woord vooraf

Over marketing zijn erg veel omvangrijke boeken geschreven. De auteurs zijn meestal specialisten op het terrein van de marketing, doch hebben minder kennis van de algemene economie. De theorie van het oligopolie, die de hoeksteen vormt van theorie en praktijk van de marketing, ontsnapt aan hun aandacht. In dit boek is de marketing op kernachtige wijze behandeld door aan te knopen bij algemeen economische kennis en bij de moderne informatietechnologie. Het boek weerspiegelt de praktische ervaring die ik in de loop van de jaren heb opgedaan als adviseur van marktonderzoekbureaus, reclamebureaus en ondernemingen zoals Lois, Van der Ley's Bouwbedrijven, de Kema en Pink-Roccade. Aan de Juridische Faculteit van de Universiteit van Amsterdam heb ik een groot aantal jaren het keuzevak Marketing gegeven, waarbij vooral opviel dat veel vrouwelijke studenten het vak hebben gevolgd. Zij hebben nu allen goede posities in de samenleving verworven, niet als jurist maar vooral als marketeer. Ik hoop dat deze combinatie van theoretisch inzicht, didactiek en praktische kennis de lezer in kort bestek een goede indruk geeft van de hedendaagse marketing.

Ik dank Marit van Sandwijk voor haar waardevolle medewerking. Het bureau Jenny Spits heeft wederom op voortreffelijke wijze zorg gedragen voor de technische verwerking van het manuscript.

Naarden, februari 2001

Marketing in perspectief

Zonder marketing vaart niemand wel. In onze westerse wereld kan men geen stap zetten zonder tegen uitingen van marketing aan te lopen. Alles wordt verkocht, van tandenborstels tot politici en van filmsterren tot bizarre seks. Voor vrijwel alles wordt naar een markt gezocht. En als die wordt gevonden komt ook de marketing om de hoek kijken. Hoe verkopen we de goederen, de diensten, de politieke partijen, de filmsterren en de goede doelen? En welke verkoopinstrumenten zetten wij daartoe in? Welke mediatraining geven wij Ad Melkert, Jaap de Hoop Scheffer en Hans Dijkstal?

In eerste instantie wordt de term marketing meestal beperkt tot het verkoopbeleid van commerciële goederen. Al spoedig komen de commerciële diensten erbij, zoals verzekeringen en de activiteiten van reisbureaus en banken. Het is een hele stap geweest om de gedachtegang van de marketing ook toe te passen op niet-commerciële activiteiten en op niet op winst gerichte organisaties, maar toch is deze stap gezet. Niemand heeft er nog een probleem mee dat bij verkiezingen alle registers van het marketingbeleid worden opengetrokken. Politici, zowel mannen als vrouwen, worden gemaakt en gebroken door de media, zodat zij zich steeds afvragen of het in hun marketingstrategie past wanneer en waar zij zich vertonen.

In dit boek presenteren wij de principes van de marketing niettemin vooral aan de hand van het commerciële beleid van tastbare goederen. Dat is geen bezwaar zolang de lezer ook steeds de ruime opvatting van marketing voor ogen houdt. Het uitbreiden van de marketing van goederen tot die van diensten is al zeer voor de hand liggend en levert geen grote problemen op.

Vergeleken met andere boeken over marketing is dit geschrift wonderlijk beknopt. Vrijwel alle geschriften over marketing zijn dikke, lijvige boekwerken, die ook een grote financiële investering vergen. Hoe komt het dan dat de grondbeginselen toch in ongeveer 150 bladzijden worden behandeld? Dat is niet alleen een kwestie van een bondige, kernachtige stijl, maar berust vooral op het voordeel de marketing te beoefenen vanuit een algemeen economische achtergrond. De meeste marketingboeken zijn geschreven door deskundigen die zijn gespecialiseerd in de marketing. Zij vinden soms onnodig opnieuw het wiel uit en missen de algemene kennis om het gemeenschappelijke in de veelheid van verschijnselen op het terrein van de marketing te onderkennen. Soms ook zijn zij onvoldoende op de hoogte van de theorie van de marktvormen om de marketing in het geval van een oligopolistische marktstructuur helder uiteen te zetten. En juist het oligopolie, waarbij slechts enkele aanbieders op de markt optreden die onderling uiteenlopende goederen aanbieden, is karakteristiek in ons economisch leven.

Een belangrijk begrip uit de algemene economie dat ook voor de marketing van belang is, wordt gevormd door de transactiekosten. Hieronder verstaat men alle offers, geldelijk en niet-geldelijk, nodig om een transactie tot stand te brengen en uit te voeren. Tal van arrangementen in de marketing staan onder invloed van het streven bepaalde doelen te bereiken tegen zo laag mogelijke transactiekosten. Door de moderne informatietechnologie zijn de transactiekosten dramatisch gedaald. Voor ondernemingen is het doen van marktonderzoek aanzienlijk eenvoudiger geworden, terwijl ook de informatie over de markt veel nauwkeuriger is. Zelfs het afrekenen bij de kassa van grote winkelketens levert een schat van gegevens op over het gedrag van de consument. Consumenten kunnen zelf gemakkelijker wereldwijd en vierentwintig uur per dag ondernemingen bereiken waarbij zij traditionele distributiekanalen, zoals de boekhandel, overslaan. Zij kunnen zich via internet ook gemakkelijk in groepen verenigen. Deze nieuwe ontwikkeling is nog nauwelijks tot de gebruikelijke literatuur over marketing doorgedrongen.

Toch zet deze ontwikkeling de hele marketing uiteindelijk op zijn kop. De traditionele keten van producent, via handel tot consument wordt omgekeerd. Er vindt een ketenomkering plaats, waardoor de consument eindelijk koning wordt. In dit boek wordt steeds de invloed van de nieuwe netwerkeconomie op de traditionele verhoudingen geschetst. Tegelijk is het boek een inleiding voor allen die in onze pluriforme samenleving met marketing in aanraking komen. Daarom zijn praktische illustraties opgenomen om de stof toegankelijker te maken.

Economie

De economie houdt zich bezig met de verklaring van de verschijnselen die voortvloeien uit de schaarste. Deze verschijnselen bestaan in het beschikken over schaarse goederen die op uiteenlopende wijze kunnen worden aangewend. De schaarste noopt tot kiezen. De overheid weegt aflossing van de staatsschuld af tegen hogere investeringen in het onderwijs; de consument kiest uit verscheidene aangeboden goederen en de producent beslist over de vraag welke goederen op de markt zullen worden gebracht.

In dit beknopte boek over marketing vatten wij de bedrijfseconomie en de commerciële economie op als afsplitsingen van de algemene economie, die hun zin ontlenen aan het toepassen van de verworven inzichten in de praktijk. Daaruit vloeit voort dat beschrijvingen en praktische toepassingen in de marketing sterker de aandacht trekken dan in de algemene economie. Een doeltreffende behandeling van concrete problemen vereist een nauwkeurige beschrijving van een aantal karakteristieken van de bedrijfssituatie, waaraan men in de algemene economie voorbij kan gaan. Bij de beslissingen staat meestal het belang van de onderneming op de voorgrond.

Bij marketing denkt men in eerste aanleg aan het beïnvloeden van de verkoopmarkt van de ondernemingen met commerciële oogmerken door het gebruiken van instrumenten, zoals reclame en prijs. Men mag dan best het woord marketing vervangen door commerciële economie. Tegenwoordig spreekt men echter ook over de marketing van een politicus, een kerkgenootschap, een filmster of een goed doel. Dan spelen in het 'verkoopproces' ook niet-commerciële factoren een rol. Voorlopig beperken wij ons tot marketing in de enge zin.

De onderlinge verwevenheid van bedrijfseconomie en commerciële economie is groot. In zekere zin berust het externe gedrag van de onderneming op de verkoopmarkten op de interne gang van zaken van de onderneming. Er kan worden opgemerkt dat de bedrijfseconomie zich in sterkere mate bezighoudt met de verschijnselen in de bedrijfshuishouding, de interne gang van zaken, dan met de externe betrekkingen, de verbindingen van de onderneming met de in- en verkoopmarkten. Belangrijke onderdelen van de bedrijfseconomie worden gevormd door het kosten- en kostprijsvraagstuk en de financiering. Hier dient echter direct aan te worden toegevoegd dat wanneer men de bedrijfseconomische problemen benadert vanuit de planning op korte en lange termijn, de samenhang tussen interne en externe verschijnselen zo nauw is dat een integrale visie de partiële analyse steeds dient te completeren. Zo staat de kostprijsberekening niet alleen onder invloed van de technische gegevens van het productieproces en de prijzen van de productiemiddelen. Ook de afzetmogelijkheden spelen een rol.

Niettemin is het doelmatig de vraagstukken die voortvloeien uit het optreden van de bedrijfshuishoudingen op de in- en verkoopmarkten, af te zonderen van de meer op de interne gang van zaken georiënteerde problemen. Daarmee naderen wij het complex van vragen waarmee de commerciële economie zich bezighoudt. De onderneming zit ingeklemd tussen in- en verkoopmarkten. Zowel op de ene groep van markten als op de andere volgt de onderneming bepaalde strategieën ter verwezenlijking van haar doelstellingen. Met de beschrijving en vormgeving van deze strategieën houdt de commerciële economie zich bezig. Voor de onderneming mondt dit uit in de uitstippeling van het in- en verkoopbeleid.

Marketing

Op de inkoopmarkten koopt de bedrijfshuishouding de productiemiddelen in die voor het productieproces nodig zijn. Daarbij doen zich enkele commercieel-economische problemen voor, die in de loop van dit boek slechts terloops aan de orde komen. De aandacht zal vooral zijn gericht op de verkoopzijde van de onderneming, omdat wij ons hier nu eenmaal op de marketing concentreren. Het is van belang niet uitsluitend aan finale consumentenmarkten te denken. De producten van tal van industriële ondernemingen worden aan andere ondernemingen geleverd. Aan de commercieel-economische vraagstukken van die ondernemingen gaan wij hier echter voorbij. Vrijwel steeds hebben wij ondernemingen voor ogen, die rechtstreeks of indirect aan de consumenten leveren. In het tweede hoofdstuk, waarin nader wordt ingegaan op de marktvormen, wordt de behandeling toegespitst op de consumentenmarkten, omdat toch veel ondernemingen met consumenten te maken hebben.

Dat in de marketing analyse en beleid dicht bij elkaar liggen kan worden duidelijk gemaakt met een voorbeeld. Wanneer een onderneming het opvoeren van het marktaandeel van een bepaald product beoogt, is niet alleen een nauwkeurige analyse van de afzetsituatie vereist, maar ook kennisneming van de instrumenten die de bedrijfsleiding geschikt acht voor het verwezenlijken van de doeleinden van de onderneming. Hierbij speelt ook een rol welk *corporate image* een onderneming wil overbrengen. Zo kan een onderneming milieuvriendelijk, klantvriendelijk en innovatief zijn. Die factoren hebben invloed op de manier waarop men een hoger marktaandeel wil bereiken. Ook bij een ander typisch commercieel-economisch vraagstuk, de vaststelling van het optimale reclamebudget ten behoeve van de verkoop van een product, spelen beleidsoverwegingen een belangrijke rol. Deze vaststelling hangt niet alleen af van de wijze waarop de reclame de afzet beïnvloedt, maar ook van de opvattingen die de leiding van de onderneming op grond van haar corporate imago koestert omtrent de gewenste beïnvloeding van de afzetsituatie.

In de marketing geldt dat voor een zinvolle oplossing van verscheidene aangeroerde problemen naast economische facetten ook psychologische en sociologische aspecten in ogenschouw worden genomen. De motievenonderzoekingen steunen uiteraard veeleer op de psychologie dan op de economie. Wanneer men bij een marktonderzoek indelingen naar godsdienstige overtuiging invoert, deelt men eerder in naar sociologische dan naar economische criteria. Wie de werking van de reclame wil analyseren kan niet heen om de rol die – soms onbewust – de erotiek speelt.

Onder invloed van de moderne informatietechnologie is sprake van een netwerkeconomie, die vooral tot uitdrukking komt door internet. Deze ontwikkeling laat ook de marketing niet onberoerd. De consument is tegenwoordig veel beter geïnformeerd over goederen, distributiekanalen en productiemethoden dan vroeger. De consument is minder afhankelijk van de informatie die de producent ter beschikking stelt. Consumenten kopen goederen rechtstreeks via internet, waardoor zij traditionele schakels overslaan. Zij worden daardoor door de internetleverancier op de hoogte gesteld van verwante goederen. In deze zin wordt de keten van producent naar consument omgekeerd.

Marktvormen

De ondernemingen verkopen hun producten op markten; zij kopen in op de inkoopmarkten. Daarom is het voor de uitstippeling van hun commerciële beleid van belang een goed inzicht te hebben in de mogelijke marktsituaties. In de economische theorie is het leerstuk van de marktvormen sinds de jaren dertig van de vorige eeuw aanzienlijk verdiept. Daaraan is bijgedragen door P. Sraffa en mevrouw Joan Robinson uit Cambridge, Engeland, E.H. Chamberlin uit Harvard, Amerika en H. von Stackelberg uit Duitsland.

Het woord marktvorm slaat op de omstandigheden waardoor de aard van de concurrentie op de markt wordt beheerst. Hierbij wordt in de eerste plaats gedacht aan het aantal kopers en verkopers dat op de markt optreedt. Wat het aantal betreft beperken wij ons gemakshalve tot de gevallen van één, weinige en zeer veel verkopers. Aan de vraagzijde van de markt veronderstellen wij steeds zeer veel kopers. Voor de indeling in marktvormen is verder van belang of sprake is van een homogeen goed, dan wel van een heterogeen goed, waarbij door allerlei oorzaken verschillen tussen de aanbieders ontstaan of worden beklemtoond. Technisch identieke goederen kunnen voor de consumenten nog verschillen vanwege de wijze van verpakking, het dienstbetoon, de reclame. In al deze gevallen is de markt niet homogeen maar heterogeen. Uiteraard is dit ook het geval wanneer wij te maken hebben met uiteenlopende kwaliteiten van de producten. Steeds dient goed in het oog te worden gehouden dat de onderscheiding homogeen/heterogeen niet alleen betrekking heeft op de goederen als zodanig, maar ook op de wijze waarop deze worden gepresenteerd. Het gaat er dus om of in de ogen van de consument de goederen van elkaar verschillen. De technische eigenschappen van benzine zijn identiek, maar door de zin 'Stop een tijger in uw tank' ontstaat voor de consument een verschil, omdat er een zekere staat van opwinding ontstaat. Een goed kan het beste worden opgevat als een bundel karakteristieken, zoals verpakking, dienstbetoon, reclame, presentatie en omgeving. Al deze karakteristieken spelen in de marketing een rol. In een restaurant gaat het niet alleen om het aantal calorieën van een maaltijd, maar ook om de omgeving, het gezelschap, de gezelligheid en de bediening. Steeds vaker gaat het om de beleving van de goederen. Deze is onlosmakelijk verbonden met de fysieke onderbouw van de goederen. Het behoeft nauwelijks betoog dat in de commerciële praktijk het bewerkstelligen van de verschillen tussen de producten, de productdifferentiatie, een belangrijke rol speelt, zodat wij op dit verschijnsel herhaaldelijk zullen terugkomen. Men kan vervolgens nog doorzichtige en ondoorzichtige markten onderscheiden. De markt is doorzichtig of transparant wanneer alle marktpartijen volledig op de hoogte zijn van de omstandigheden en voorwaarden waaronder wordt gevraagd en aangeboden. Van ondoorzichtigheid is sprake indien de kopers niet de gehele markt overzien en derhalve niet alle prijzen kennen die voor de producten worden gevraagd. Zij zijn evenmin op de hoogte van alle speciale eigenschappen van de goederen. De kosten die een consument moet maken om volledig geïnformeerd te raken, de informatiekosten, maken deel uit van de transactiekosten. Zoals eerder vermeld verstaat men daaronder alle kosten nodig om de transactie tot stand te brengen. Dus niet alleen geldelijke kosten, maar ook tijd en inspanning. Door de informatietechnologie zijn deze transactiekosten dramatisch gedaald. Daarom is ook sprake van een steeds betere marktwerking. Een markt die homogeen en transparant is heet volkomen. Is aan een van deze voorwaarden of aan beide niet voldaan dan spreken wij van een onvolkomen markt.

Een omstandigheid die de concurrentie verder beïnvloedt is de toetreding. Het is denkbaar dat om formele, wettelijke redenen of feitelijk de toegang tot de markt is geblokkeerd. Wanneer op een markt slechts enkele aanbieders optreden, terwijl er hoge winsten worden gemaakt, is het vermoedelijk niet eenvoudig tot deze markt toe te treden. De wijze van concurreren op de markt staat mede onder invloed van de mogelijkheid van toetreding.

Wanneer men de bovenstaande criteria voor de indeling van de marktvormen op uiteenlopende wijzen combineert ontstaat een uitgebreide reeks van mogelijkheden. Geleid door wat voor een uiteenzetting ten behoeve van de oplossing van marketingvraagstukken van belang is, beperken wij ons tot enkele gevallen. Begonnen wordt met de beide uiterste situaties zuivere mededinging en monopolie. Van zuivere mededinging is sprake wanneer zeel veel vragers en aanbieders opereren op een volkomen markt, waarbij de toetreding volledig vrij is. Het monopolie houdt in dat één aanbieder een markt volledig beheerst. Ten slotte wordt de hoofdschotel gepresenteerd: de marktvorm van het oligopolie. Op de uiteenlopende aspecten van deze marktvorm gaan wij uitvoerig in, omdat de gevarieerdheid van het marketingbeleid in de praktijk vooral wordt beheerst door de oligopolistische marktstructuur waarmee de ondernemingen te maken hebben.

Zuivere mededinging en monopolie

Wanneer zeer veel vragers en aanbieders optreden op een volkomen markt komt de evenwichtsprijs tot stand onder invloed van de totale vraag en het totale aanbod. Bij deze evenwichtsprijs is de totale vraag gelijk aan het totale aanbod. Noch de individuele aanbieder noch de individuele vrager kan door het wijzigen van de hoeveelheid die hij verkoopt respectievelijk koopt enige invloed op de prijs uitoefenen. Beiden zijn hoeveelheidsaanpassers. Zij passen de hoeveelheid die zij verkopen of kopen zo aan dat naar hun oordeel een voor hen optimale situatie ontstaat. Wat de aanbieders betreft wordt aangenomen dat zij naar maximale winst streven, terwijl de vragers hun optimumposities zo bepalen dat hun behoeftebevrediging maximaal is.

De veronderstelling van vrije toetreding brengt met zich dat producenten tot de markt toetreden zolang er in de bedrijfstak nog winsten worden gemaakt. Het afbakenen van de bedrijfstak levert in het geval van zuivere mededinging geen moeilijkheden op, omdat markt en waar homogeen zijn. Tot de bedrijfstak kunnen op ondubbelzinnige wijze alle producenten worden gerekend die het betrokken goed voortbrengen. Hoewel alle producenten naar maximale winst streven en ook de nieuwe op de winstmogelijkheden afkomen, is het karakteristiek voor de zuivere mededinging dat op den duur alle winsten onder invloed van de vrije toetreding zijn verdwenen. De prijs die ontstaat is zo hoog dat precies alle productiekosten worden goedgemaakt. Een normale vergoeding voor de ondernemersactiviteit begrijpt men onder deze productiekosten.

In de praktijk komt zuivere mededinging bijna niet meer voor. In de financiële wereld vormt de koersvorming op de effectenbeurs nog een belangwekkend voorbeeld. De afzonderlijke kopers geven op hoeveel aandelen ze bij uiteenlopende koersen willen kopen; de verkopers geven op wat ze bij uiteenlopende koersen willen verkopen. Op zijn eentje kan niemand de koers bepalen; iedereen is machteloos. Het gezamenlijk optreden bepaalt de koers.

Tegenover de machteloosheid van de individuele producent in het geval van zuivere mededinging staat de macht van de producent, wanneer sprake is van monopolie.

Wanneer men poogt het monopolie te omschrijven stuit men op een moeilijkheid die samenhangt met de omschrijving van het begrip 'goed'. Men kan immers wel stellen dat van een monopolie sprake is wanneer slechts één aanbieder op een markt optreedt, maar waar gaat de ene markt in de andere over? Er is maar één aanbieder Ford-auto's, maar wij strekken de automarkt ook tot andere automerken uit, zodat wij niet van een monopolie van Ford spreken. Daar vrijwel steeds substituten van de producten voorhanden zijn, is van een absoluut monopolie bijna nooit sprake. Gemakshalve zullen wij van een monopolie spreken indien de individuele aanbieder bij de uitstippeling van zijn beleid geen rekening houdt met andere producenten in de volkshuishouding. Hij brengt zijn afzet uitsluitend in verband met zijn prijs. In tegenstelling tot het geval van zuivere mededinging heeft de ondernemer als monopolist de mogelijkheid de prijs zelf vast te stellen. Van een aanbodfunctie die aangeeft wat de aanbieder bij uiteenlopende prijzen aanbiedt is geen sprake.

De monopolist kan geheel zelfstandig zijn prijs vaststellen. Vaak wordt aangenomen dat hij een zodanige prijs bepaalt, dat zijn winst maximaal is. Hij maakt het verschil tussen de totale opbrengst en de totale kosten zo groot mogelijk. Daarbij gaat hij ervan uit dat hij meer verkoopt naarmate de prijs lager is. Wij zeggen dat zijn afzet groter is naarmate de prijs lager is. De afzetfunctie, die het verband aangeeft tussen de afzet en de prijs, heeft grafisch voorgesteld een dalend verloop (zie figuur 1).

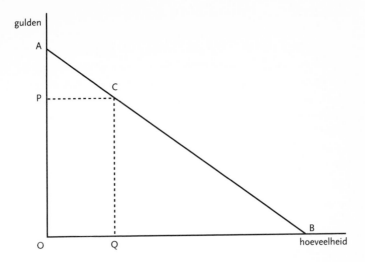

Figuur 1 De monopolist kiest op de afzetcurve AB een punt C, waarbij zijn winst maximaal is. De optimale prijs is OP en de afzet OQ.

Oligopolie

Tot zover hebben wij een tweetal marktvormen behandeld, waarvan kan worden vastgesteld dat hun praktische betekenis gering is. Het zijn extreme gevallen. In de praktijk is sprake van een oligopolistische situatie. Op de markt concurreren enkele aanbieders met elkaar. In tegenstelling tot het geval van zuivere mededinging gaan wij ervan uit dat door de betrokken ondernemers goederen worden aangeboden die in de ogen van de consument van elkaar verschillen en derhalve heterogeen zijn. De markt is dan onvolkomen. Deze veronderstelling is in het kader van dit boek over marketing gerechtvaardigd, omdat de situatie van heterogeen oligopolie in de werkelijkheid verreweg de belangrijkste is. Voorzover de heterogeniteit van markt en waar niet min of meer van nature aanwezig is, kan ze worden geaccentueerd door kwaliteitsverschillen, uiteenlopende manieren van presentatie van de goederen, door verschillen in dienstbetoon en door de reclame.

Intussen roept de productdifferentiatie onmiddellijk een moeilijkheid op, die al werd aangeduid bij de omschrijving van het monopolie. Als gevolg van de productdifferentiatie is iedere aanbieder monopolist met betrekking tot zijn eigen product, ook al ondergaat hij de concurrentie van de door de andere aanbieders verkochte, verwante goederen. Wanneer men de verwante, doch van elkaar in verscheidene opzichten uiteenlopende goederen tot één markt rekent, komt de vraag op waar de grens tussen twee markten wordt gelegd. Denken wij aan de sigarettenmarkt. Er zijn uiteenlopende merken, soorten en kwaliteiten. De sigaretten zijn echter zozeer verwant dat men sterk geneigd is van één markt te spreken. Maar wellicht is er ook aanleiding de kleine sigaartjes tot de markt te rekenen. Besluit men hiertoe dan komt de vraag op of ook de grote sigaren tot de betrokken markt worden gerekend. De consumenten substitueren immers de verschillende soorten sigaren vrij gemakkelijk voor elkaar. Als er veel ondernemingen op een markt goederen aanbieden die onderling in de ogen van de consument verschillen, maar toch met elkaar concurreren, bezigt men wel de aanduiding monopolistische concurrentie. Sommigen lossen de moeilijkheid op door te stellen dat het gevolg van de heterogeniteit van de goederen is dat het marktbegrip ons met de begrippen goed en bedrijfstak uit handen wordt geslagen. Men kan alleen maar spreken van de concurrentie van een willekeurig goed A en een willekeurig ander goed B. Deze opvatting komt erop neer dat alle goederen ten slotte concurreren om de koopkracht van de consumenten, zodat elke nadere onderscheiding noodzakelijkerwijze enigszins willekeurig is. In deze zin bevat deze beschouwingswijze inderdaad een belangrijke kern van juistheid.

Toch zullen wij er – mede in verband met de praktische toepasbaarheid van onze uiteenzettingen – van uitgaan dat men in de werkelijkheid toch wel zekere groepen van producten kan onderkennen die onderling nauwer in verband staan dan met de andere producten in de volkshuishouding. Joan Robinson sprak heel toepasselijk van een 'gap in the chain of substitutes'. Men dient te erkennen dat de grenzen vaag zijn. Deze vaagheid is in een moderne netwerkeconomie alleen maar groter geworden. Grenzen worden gemakkelijk gepasseerd waardoor zij vervagen. Potentiële concurrenten zijn belangrijker dan de gevestigde bekende concurrenten. Het begrip bedrijfstak speelt in de globale economie nauwelijks een rol. Het hangt daarom van de nadere, concrete probleemstelling af hoever men de markt uitstrekt.

Spitst men dit toe op de marktvorm van het oligopolie dan kan het volgende worden overwogen. In beginsel hangt de afzet van elk product af van alle prijzen. Bezien van het standpunt van de afzonderlijke onderneming kan men deze prijzen in twee groepen verdelen. Er zijn prijzen die geen rol spelen bij de uitstippeling van het beleid van de onderneming, omdat ze betrekking hebben op goederen die te zeer verwijderd zijn van het product dat men zelf tracht te verkopen. Een fabrikant van stofzuigers zal geen acht slaan op de prijzen van sinaasappelen, ook al hangt strikt genomen de verkoop van stofzuigers mede af van de prijs van sinaasappelen. Het spreekt echter welhaast vanzelf dat de ondernemer vooral zal letten op zijn naaste concurrenten, de fabrikanten van andere stofzuigers. Voor hem zijn de prijzen van de stofzuigers strategische variabelen. Hij let op deze prijzen en ze spelen een rol bij de vormgeving van zijn eigen beleid. Wij verdelen daarom de prijzen in de groep van strategische prijzen, die door de beschouwde ondernemer in ogenschouw worden genomen bij de vormgeving van zijn beleid, en de niet-strategische prijzen. Van een oligopolie is derhalve sprake wanneer de afzet van de ondernemer niet alleen wordt beïnvloed door zijn eigen prijs, maar ook door enkele andere strategische prijzen. Wanneer op de markt drie producenten van stofzuigers optreden, is de afzet van elk afhankelijk van de eigen prijs en van de prijs van de beide anderen.

In de oude economie is de toetreding vaak beperkt en de markt ondoorzichtig. In de nieuwe netwerkeconomie is de toetreding gemakkelijker en de doorzichtigheid groter.

In zekere zin worden alle markten wereldmarkten, daar overal vandaan concurrentie kan komen. Internet belichaamt niet alleen de vierentwintiguurseconomie, maar brengt ook het wereldwijde karakter van moderne marketing tot uitdrukking.

Marktvormen en marktstrategie

De objectieve marktomstandigheden, die tezamen de marktvorm bepalen, dienen goed te worden onderscheiden van de subjectieve gedragingen van de oligopolisten, de marktstrategie. Het geheel van gedragingen, de marktstrategie, wordt gecoördineerd door het doel waarop de activiteiten van de ondernemers zijn gericht. Zelfs wanneer men zich beperkt tot de prijsvorming in het geval van oligopolie, zijn omtrent het oogmerk van de onderneming nog verscheidene mogelijkheden denkbaar. Zo kan men ervan uitgaan dat de ondernemers ieder afzonderlijk naar het maximeren van hun winst streven of dat zij pogen hun gezamenlijke winst zo groot mogelijk te maken. Deze twee mogelijkheden verraden reeds dat men een oligopolistische situatie kan opvatten als een permanent strijdtoneel of als een toestand waarin de gemeenschappelijke belangen zozeer overheersen dat men poogt een gezamenlijke gedragslijn uit te stippelen. In de praktijk komt veelvuldig het prijsleiderschap voor. Deze marktstrategie houdt in dat een prijsverandering door de leider wordt overgenomen door de overige, kleinere oligopolisten.

Neem eens aan dat twee aanbieders de markt beheersen: duopolie. De afzet van de eerste hangt af van zijn eigen prijs p_1 en van de andere prijs p_2. Hetzelfde geldt voor de tweede aanbieder. Ook de winst van de eerste aanbieder is niet alleen afhankelijk van zijn eigen prijs p_1, maar ook van de prijs van zijn concurrent p_2. Dit geldt ook voor de tweede aanbieder. Deze omstandigheid heeft een merkwaardige consequentie. Aanbieder één heeft uitsluitend zeggenschap over zijn eigen prijs. Deze kan hij wijzigen op een manier die hem gunstig voorkomt. Over de prijs van zijn concurrent heeft hij echter niets te zeggen. Gaan wij nu uit van individuele winstmaximalisatie dan kunnen beide aanbieders alleen hun eigen prijs wijzigen. Het schijnt alsof beiden alleen maar hun optimale posities kunnen vaststellen wanneer de prijs van de ander bekend is. Daar dit voor beiden geldt kan langs deze weg geen oplossing worden verkregen. In de praktijk uit zich deze situatie in het 'na u'-effect. Men probeert op elkaar te wachten alvorens met een prijs voor een nieuw automodel te komen. Zit men in ongeveer dezelfde prijsklasse, dan duikt B net onder de prijs van A als deze uiteindelijk de auto met een prijs lanceert. Is B eerst dan zet A een iets lagere prijs.

Voor een simultane oplossing is het noodzakelijk dat beiden een veronderstelling maken omtrent de prijzen die de ander zal zetten in afhankelijkheid van de een. Met andere woorden, aanbieder één dient een veronderstelling te maken omtrent de prijzen van aanbieder twee bij uiteenlopende prijzen van hemzelf. Ook aanbieder twee dient omtrent de verwachte prijzen van één, in afhankelijkheid van zijn eigen prijzen, een veronderstelling te maken. Men kan ook zeggen dat het voor een oplossing noodzakelijk is dat beide aanbieders een veronderstelling invoeren omtrent de reactie die zij van de ander verwachten op hun eigen prijswijziging. Deze verwachte prijzen van de ander dient men goed te onderscheiden van de feitelijke prijzen, die zullen ontstaan. Het kan best zijn dat Ford bij een prijsverlaging van een van zijn automerken ervan uitgaat dat Fiat de prijs van een bepaald type auto ook met 100 euro zal verlagen, terwijl in feite deze laatste prijswijziging achterwege blijft. Waar het om gaat is dat deze reactiehypothese dient te worden ingevoerd om tot de vaststelling van de evenwichtsprijzen te komen. Deze veronderstellingen omtrent de reacties kunnen eenvoudig, maar ook zeer ingewikkeld zijn. Een schaker kan van zijn tegenspeler een eenvoudige tegenzet verwachten, wanneer hij een verschuiving van een pion overweegt, maar hij kan ook uitgaan van een zeer samengestelde reactie.

In het geval van duopolie kan de ene onderneming aannemen dat de andere onderneming niet reageert, wanneer de prijs wijzigt. Ook is het mogelijk dat een overeenkomstige prijswijziging van de concurrent wordt verwacht. Ten slotte kan men aannemen dat de eerste aanbieder een aanzienlijk grotere prijswijziging van de tweede verwacht dan met zijn eigen prijsverandering overeenkomt.

Wij zien dat wanneer op een oligopolistische markt het oogmerk individuele winstmaximalisatie is gegeven, nog een nadere uitwerking vereist is van de marktstrategie. Voor de vaststelling van de prijzen p_1, p_2 is de invoering nodig van een hypothese, de reactiehypothese, die beschrijft welke voorstelling de producenten maken van de reactie van hun concurrenten op hun eigen prijsverandering. Voor de marketing is dit inzicht van groot belang: het speelt niet alleen een rol bij het prijsbeleid. Ook bij het reclamebeleid vragen de oligopolisten zich af hoe de een op de ander zal reageren. Hetzelfde geldt voor het invoeren van een nieuw product, de innovatieconcurrentie. Zo beschouwd gaat het bij marketing om een spel, waarbij de spelers elkaar met onverwachte acties en reacties kunnen verrassen.

Men kan ook uitgaan van de hypothese dat de oligopolisten niet hun individuele, maar hun gezamenlijke winst maximeren. Een dergelijke hypothese houdt een geheel ander gedragspatroon in dan wanneer van het maximeren van individuele winst wordt uitgegaan. Tot op zekere hoogte verhouden de gedragingen zich als oorlog en vrede, ook al dient zich in het geval van het maximeren van de gezamenlijke winst nog het netelige vraagstuk aan van de verdeling van de winst. Op het vaststellen van de prijzen, zodanig dat de gezamenlijke winst zo groot mogelijk is, volgt nog de een of andere vorm van overleg over de wijze waarop de gerealiseerde winst zal worden verdeeld.

De hypothese van het maximeren van de gezamenlijke winst geeft vorm aan min of meer coöperatief gedrag. Toch is het niet zo dat dit gedrag een verregaande samenwerking inhoudt in de vorm van schriftelijke of mondeling vastgelegde afspraken. In de meeste landen is dit tegenwoordig uitgesloten door de wetgeving. Ook in ons land is de mededingingswetgeving gericht tegen machtsposities van ondernemingen, daarin gesteund door de Europese wetgeving. Het is denkbaar dat de oligopolisten zich feitelijk op de markt zo gedragen dat marktresultaten ontstaan die niet strijdig zijn met de hypothese van het maximeren van de gezamenlijke winst zonder dat van rechtstreekse afspraken sprake is. Ook de kartellering, waarbij wel formele afspraken worden gemaakt, wijst op een gezamenlijk gedrag. Voorzover men een afspraak maakt over de prijzen is meestal niet een zodanige prijsstelling dat de gezamenlijke winst wordt gemaximeerd het oogmerk, doch het beschermen van de zwakste onderneming. Hiertoe wordt een minimumprijsafspraak gemaakt.

De vraag of en in hoeverre de hypothese van de gezamenlijke winstmaximalisatie een betere beschrijving geeft van het feitelijke marktgedrag van oligopolisten dan de individuele winstmaximalisatie, is moeilijk te beantwoorden. Wel kan worden opgemerkt dat de waarneming van oligopolistische marktsituaties leert dat de oligopolisten in veel mindere mate met de prijzen concurreren dan men wellicht verwacht. Wat de prijzen betreft is meestal sprake van een zekere rust, die af en toe door een korte prijzenoorlog wordt verstoord, waarna weer een nieuwe rustperiode intreedt. Er is een sterke neiging de prijsconcurrentie te beperken. De oligopolisten begrijpen dat een prijzenoorlog alle concurrenten benadeelt tot het niveau van de kostprijs van de zwakste partij wordt bereikt. De consumenten profiteren tijdelijk van het prijzengeweld, maar hebben na enige tijd toch weer met hogere prijzen te maken omdat de oligopolisten aan de prijzenoorlog een einde maken. Dit wijst in de richting van een of andere vorm van het maximeren van de gezamenlijke winst. Deze indruk wordt versterkt doordat de concurrentiestrijd met andere instrumenten wordt gevoerd, zoals de reclame. In het algemeen kan wat de prijzen betreft een zekere starheid worden verwacht op een oligopolistische markt.

Parametertheorie van het oligopolie

Er is nu aannemelijk gemaakt dat op een oligopolistische markt, wat de prijzen betreft, sprake is van een zekere rust; men houdt zich aan een status quo. Slechts af en toe wordt de markt opgeschrikt door een korte, hevige prijzenoorlog. De voorkeur voor andere parameters dan de prijs als wapen in de concurrentiestrijd hangt samen met de omstandigheid dat de prijs een onmiddellijk werkend concurrentiemiddel is. Een prijsverlaging door aanbieder A tast de positie van de anderen rechtstreeks aan; meestal volgen spoedig tegenacties.

Het hanteren van andere instrumenten of parameters dan de prijs met het oog op bepaalde doeleinden werkt minder direct. Wanneer onderneming A een reclamecampagne opzet werkt dit minder agressief dan een prijsverlaging, terwijl het effect ervan door de andere oligopolisten minder gemakkelijk door een tegenactie is te neutraliseren. Een soortgelijke opmerking kan worden gemaakt over een kwaliteitsverbetering van een product van een onderneming. Het verwezenlijken daarvan is veelal het resultaat van het op een efficiënte wijze toepassen van nieuwe technische vindingen, waarmee belangrijke financiële offers gepaard gaan, zodat het voor de anderen niet zo eenvoudig is onmiddellijk goed te reageren. Ook het uitbreiden van het assortiment kan een instrument zijn van de marketing van een oligopolist.

Bedacht dient intussen te worden dat het bezigen van parameters zoals reclame, kwaliteit, verpakking en assortiment niet alleen een effect heeft op de afzetsituatie, maar ook op de kostenverhoudingen. Daarmee wint de twijfel over de doelstelling van het ondernemingsbeleid – het maximeren van de winst – aan kracht. Met het introduceren van kwaliteit en reclame komt al spoedig de gedachte op dat de onderneming aan een zekere continuïteit de voorkeur geeft boven het behalen van onmiddellijke winsten. De onderneming wenst in de markt te blijven. Zij verstevigt haar marktpositie door het bijhouden van de technische ontwikkeling, het opvoeren van de kwaliteit van haar product en het maken van reclame. Een dergelijke politiek van het opbouwen van een voorsprong behoeft niet alleen te zijn ingegeven door de bestaande concurrenten, maar kan mede zijn gebaseerd op het weren van potentiële concurrenten. Ondernemingen in de sfeer van de informatietechnologie investeren gedurende geruime tijd in nieuwe ontwikkelingen, zonder dat voorlopig van winsten sprake is. De marketing van dergelijke ondernemingen heeft geen betrekking op stoffelijke goederen, maar op diensten.

Mede op grond van empirische onderzoekingen wordt aangenomen dat de bestaande oligopolisten bij hun beleid rekening houden met de toetreding van nieuwe ondernemingen. In het algemeen kan toetreding worden verwacht wanneer in een oligopolistische bedrijfstak relatief hoge winsten ontstaan. De gevestigde ondernemingen komen voor de vraag te staan of zij door een bepaalde prijspolitiek de toetreding trachten te verhinderen of dat zij de toetreding niet zullen verhinderen en derhalve op den duur met een geringere winstmarge genoegen zullen moeten nemen. Hierbij dient te worden opgemerkt dat het verhinderen van de toetreding niet alleen kan worden nagestreefd door het vaststellen van lagere prijzen dan met winstmaximalisatie verenigbaar is, maar ook door het boycotten van derden die in de markt dreigen te komen. Een bekende methode was het niet meer leveren aan de tussenhandel wanneer grossiers zich op een nieuwe concurrent dreigden te oriënteren. In het kader van het Europese mededingingsbeleid behoren deze praktijken echter tot het verleden.

Of men in ernstige mate wordt bedreigd met potentiële concurrentie hangt af van de factoren die de toetreding belemmeren. Bij wijze van globale benadering worden de volgende belemmeringen genoemd, waarbij wij hier afzien van formele vestigingsbarrières.

In de eerste plaats hebben de bestaande ondernemingen een hechte marktpositie opgebouwd, gebaseerd op de specifieke eigenschappen van hun product, waardoor een klantenbinding is ontstaan. De productdifferentiatie kan zijn geaccentueerd door de reclame, de verpakking, het dienstbetoon en de kwaliteit. In al deze gevallen is het gevolg dat de consumenten een zekere voorkeur voor het product van een bepaalde onderneming hebben. Een nieuwe onderneming moet een dergelijke voorkeurspositie nog geheel opbouwen. Daarmee zijn grote investeringen en hoge transactiekosten gemoeid.

In de tweede plaats produceren de bestaande oligopolisten meestal reeds in zodanig grote series, dat zij als gevolg van de productie op grote schaal een bepaalde graad van efficiëntie hebben bereikt. Wanneer men aanneemt dat een nieuwe producent niet onmiddellijk met een groot kwantum op de markt komt, liggen zijn potentiële gemiddelde kosten beduidend boven die van de bestaande oligopolisten. Zou de potentiële concurrent deze belemmering enigszins willen overbruggen door toch een relatief hoge productie te overwegen, ervan uitgaande dat hij de producten verkoopt, dan wordt hij geconfronteerd met zeer omvangrijke investeringen.

Voorts kan worden opgemerkt dat het beleid van de gevestigde ondernemingen op steeds langer wordende perioden betrekking heeft. Men projecteert nu het productieprogramma dat over vijf à tien jaar actueel is. Potentiële concurrenten baseren hun eventuele toetreding in steeds mindere mate op de marktsituatie die op een bepaald moment voorhanden is. Daar staat tegenover dat een nieuwe concurrent door innovatie juist het langetermijnprogramma van de gevestigde ondernemingen kan doorkruisen. Door de Europese eenwording en de globalisering is deze mogelijkheid veel belangrijker geworden.

Ten slotte hebben de bestaande ondernemingen een voorsprong omdat zij beschikken over een grote technische kennis. Naarmate zij in sterkere mate aan research doen – hetzij individueel, hetzij gezamenlijk – zal het voor 'newcomers' moeilijker zijn zonder aanloopmoeilijkheden een positie in de markt te veroveren.

Uit het voorafgaande zou de conclusie getrokken kunnen worden dat een betrekkelijk bescheiden gedrag van de bestaande oligopolistische ondernemingen voldoende is om de dreiging van potentiële concurrenten af te wenden. De belemmeringen zijn van een zodanige aard dat door een enigszins behoedzaam prijsbeleid de toetreding zou kunnen worden tegengehouden. Deze gevolgtrekking komt echter in een ander licht te staan wanneer wij bedenken dat een oligopolistische markt een groei doormaakt. Wanneer de bestaande concurrenten in een sterk groeiende markt zich tegenover potentiële concurrentie gedragen alsof van een statische situatie sprake is, ligt toetreding meer voor de hand dan wanneer met de dynamiek van de markt rekening wordt gehouden. Dit gezichtspunt wordt nog versterkt door de globalisering en internet. Gedurende vierentwintig uur per dag is wereldwijd concurrentie uit alle hoeken en gaten te verwachten. In de netwerkeconomie zijn de belemmeringen om toe te treden kleiner geworden. Daarom zijn alle markten wereldmarkten geworden.

Groei

Tot zover hebben wij ons de omvang van de markt als gegeven voorgesteld. De oligopolisten beconcurreren elkaar op een zodanige wijze dat een voordeel voor A automatisch ten koste van de andere concurrenten gaat. Wanneer men ervan uitgaat dat de totale markt groeit, zodat onafhankelijk van de prijzen en andere parameters steeds meer kan worden verkocht, behoeft een toeneming van de afzet van A niet langer ten koste van de bestaande afzet van de concurrenten te gaan. Denkbaar is dat A de groei van de markt naar zich toe trekt door goed gekozen marketing. Uiteraard wordt dan in relatieve zin wel de positie van de andere producenten verzwakt. Overigens dient wel te worden bedacht dat sommige bedrijfstakken door het groeiproces op den duur juist achteruitgaan door de opkomst van andere sectoren. Het verdwijnen van de kolenmijnen, textielindustrie en de landbouw in Nederland is een goed voorbeeld hiervan.

De groei van de totale markt staat vooral onder invloed van twee factoren, de bevolkingsgroei en de stijging van de inkomens. Voor beide factoren geldt dat de oligopolisten daarop door hun marketing geen invloed uitoefenen. Niettemin kunnen ze er bij de uitstippeling van hun marketingbeleid en de formulering van de doelstellingen van dat beleid wel rekening mee houden. Het is denkbaar dat zij hun marktaandelen willen handhaven, zodat zij meegroeien met de markt, maar het is ook mogelijk dat een verbetering van de relatieve positie wordt beoogd.

De bevolkingsgroei, de toeneming van het aantal consumenten, is een tamelijk betrouwbare factor op grond waarvan een regelmatige toeneming van de afzet kan worden verwacht. De betekenis van deze factor voor de vormgeving van het marketingbeleid van een bepaalde onderneming vergt een nadere uitwerking. Van belang is welke groepen van consumenten het product aanschaffen. Wie is precies die doelgroep? Zijn het tieners of de ouden van dagen? Moet de onderneming de afzet vooral zoeken bij de vrijgezellen, de jeugd of de gehuwden? De mate waarin de afzet van aanbieder A afhangt van zijn prijs en de prijs van zijn concurrent kan een samenhang vertonen met verschuivingen in de bevolkingsopbouw. Als de bevolking vergrijst en de onderneming zich vooral richt op jeugdige tweeverdieners dan verzwakt de positie van deze onderneming. De concurrent profiteert wellicht.

Uit tabel 1 leest men de bevolkingsgroei af. Voor het jaar 2030 verwacht men dat Nederland ruim 20 miljoen inwoners heeft.

Tabel 1 Bevolking

Jaar	Bevolking x 1000	Jaar	Bevolking x 1000
1990	14.947	1995	15.460
1991	15.068	1996	15.523
1992	15.182	1997	15.607
1993	15.290	1998	15.703
1994	15.381	1999	15.508

Nemen wij nu de stijging van de inkomens in beschouwing. Uit tabel 2 lezen wij het snelle groeitempo af van het bruto binnenlands product. Vanaf 1995 zijn de cijfers internationaal aangepast aan de groeiende betekenis van informatie en kennis.

Tabel 2 Bruto Binnenlands Product tegen marktprijzen in mld. guldens

Jaar	Bedrag	Jaar	Bedrag
1990	516,6	1995	666,9
1991	542,6	1996	694,3
1992	566,1	1997	735,4
1993	581,5	1998	780,4
1994	614,3	1999	824,0

Met een regelmatige stijging van de inkomens komen wij vrijwel allen in aanraking. De toeneming van de productiviteit, die vooral onder invloed staat van het voortschrijden van de techniek, openbaart zich in regelmatige loonsverhogingen. Vooral de laatste jaren zijn de ontwikkelingen erg uitbundig geweest. Goederen die tot voor kort nog tot de luxesfeer werden gerekend komen in snel tempo binnen ieders bereik. Duidelijke voorbeelden zijn de cd, de laptop en de mobiele telefoon. Beziet men deze ontwikkeling van de kant van de individuele oligopolistische onderneming, dan kan worden opgemerkt dat de stijging van de inkomens een verschuiving van de afzetfunctie met zich meebrengt. Meestal houdt deze verschuiving in dat door de inkomensstijging meer wordt afgezet bij gelijkblijvende prijzen. Men dient echter op een tegengestelde reactie bedacht te zijn. Door een stijging van het inkomen verdwijnen sommige artikelen uit het budget van de consument. Zo vermindert de aanschaf van margarine relatief als het inkomen stijgt. Of de individuele onderneming in een concreet geval daarmee te maken heeft hangt af van de nadere uitwerking van de betekenis van de algemene inkomensverhoging voor de onderneming. Nagegaan dient te worden welke inkomensgroepen het product van de onderneming speciaal aanschaffen. Een indruk is nodig van de inkomenselasticiteiten van de verkopen bij uiteenlopende hoogten van het inkomen. Dit betekent dat men voor de inkomensklassen kwantitatief geïnformeerd dient te zijn over de procentuele verandering van de afzet, wanneer het inkomen met 1 procent stijgt. De conclusie kan zijn dat door de inkomensstijging niet alleen het niveau waarop de afzet zich beweegt wordt beïnvloed, maar ook de intensiteit waarmee de afzet van de strategische prijzen afhangt. Als de inkomenselasticiteit negatief is, hoort bij een stijging van het inkomen een daling van de afzet. In Nederland is de verdeling van het inkomen over personen erg scheef. Weinig mensen hebben een hoog en veel mensen een betrekkelijk laag inkomen.

Wij hebben tot zover de groei opgevat als een voor de oligopolistische onderneming van buitenaf komend verschijnsel, waarmee deze wel rekening kan houden, maar dat niet voor individuele beïnvloeding vatbaar is. De groei is opgevat als een exogene grootheid. Speciaal wanneer men aan grote oligopolistische ondernemingen denkt, dient echter ook te worden stilgestaan bij de mogelijkheid dat de onderneming zelf mede vormgeeft aan de groei. Door het uitgeven van grote bedragen voor research, het voortdurend bedacht zijn op de toepassing van nieuwe vindingen en het opvoeren van de efficiëntie wordt tot de groei een steentje bijgedragen. De stroom van goederen kan worden verbreed, terwijl ook de kwaliteit van de producten wordt opgevoerd. In plaats van de eenzijdige betrekking tussen de exogeen gegeven groei en het gedrag van de onderneming treedt een zekere wisselwerking op, waarbij vanuit de onderneming op de groei wordt vooruitgelopen en de groei anderzijds de omvang van de samenstelling van het productiepatroon beïnvloedt. Innovatieconcurrentie is tegenwoordig schering en inslag.

Deze beknopte bespreking van de onderneming te midden van een groeiende omgeving geeft opnieuw voedsel aan de gedachte dat van het gedrag van de oligopolistische onderneming een te eenzijdige karakteristiek wordt gegeven, wanneer uitsluitend van winstmaximalisatie wordt uitgegaan. Men behoeft op zichzelf het streven naar een bevredigende winst niet te ontkennen om in te zien dat in een dynamische situatie een oligopolistische onderneming voor het instandhouden van de winstbron op zijn minst ook een meegroeien met de markt behoeft. De winst is dan een tussendoel dat voor de financiering van de met de expansie samenhangende investeringen zorg draagt. De verder reikende doeleinden hangen samen met de mate waarin men aan het groeiproces wenst deel te nemen.

Slotopmerkingen

De bedoeling van dit hoofdstuk is vooral het ontwerpen van een achtergrond voor de hierna volgende hoofdstukken, waarin nader wordt ingegaan op de marketingvraagstukken, waarvoor de oligopolistische onderneming wordt geplaatst. De voornaamste les die uit onze beknopte schets kan worden getrokken luidt dat de marktvorm van het oligopolie een reeks zeer uiteenlopende marktgedragingen en marktresultaten toelaat. Er is moordende prijsconcurrentie mogelijk, ook al is stilzwijgend samenspel waarschijnlijker. Nauwkeurige afspraken over prijzen en marktverdeling zijn tegenwoordig verboden, maar een behoedzaam feitelijk op elkaar afstemmen van reactiepatronen zonder rechtstreekse afspraken te maken is niet uitgesloten. Het gezamenlijk uitbuiten van de marktposities behoort evenzeer tot de mogelijkheden als collectief inhaken op de technische ontwikkeling door samenwerking op het gebied van research. Een passieve houding tegenover de economische groei komt in de werkelijkheid voor naast een doelbewust vooruitlopen op de mogelijkheden van een groeiende markt. Een gezamenlijk verhinderen van de toetreding van derden treft men aan naast het individueel zozeer opvoeren van de prijs dat de op korte termijn behaalde winsten worden bedreigd door de in het verschiet liggende potentiële concurrentie. Winstmaximalisatie op korte termijn wordt afgewisseld met een meer op een versteviging van de langetermijnpositie gericht groeibeleid.

De inventarisatie van de mogelijkheden is met het voorafgaande niet uitgeput. Wij gingen niet nader in op de omstandigheid dat de starheid van de prijzen zich veelal in sterkere mate naar beneden dan naar boven openbaart. Wanneer de grondstoffenprijzen worden verhoogd neemt men wel waar dat de oligopolisten hun prijzen gezamenlijk eensgezind verhogen, terwijl een dergelijke aanpassing achterwege blijft wanneer de prijzen van de grondstoffen dalen. Men spreekt daarom wel van asymmetrische prijsverstarring.

Wat de doelstellingen betreft kan men zich, ook wanneer de beschouwing wordt beperkt tot de prijsvorming, nog wel andere doeleinden voorstellen dan alleen individuele en gezamenlijke winstmaximalisatie. Gewerkt is wel met de hypothese dat het maximeren van de omzet, gegeven een minimum winstniveau, het oogmerk is. Al deze modificaties, hoe belangwekkend ook, dienen te worden gerelativeerd wanneer men naast de prijsvorming ook aandacht schenkt aan de hantering van andere instrumenten dan de prijs, speciaal wanneer zulks geschiedt met het oog op de groei. De vaststelling van de optimale prijs is slechts één, zij het belangrijk, facet van het veelzijdige beslissingsprobleem, waarvoor de onderneming staat; enkele andere facetten zijn het bepalen van de optima van kwaliteit, reclame, assortiment en dienstbetoon. De gecompliceerdheid van deze vraagstukken wordt nog versterkt door de veelal kwalitatieve overwegingen die hierbij in het geding zijn.

Ten slotte hebben wij in het algemeen een oligopolistische situatie voor ogen gehouden, waarin de oligopolisten aan elkaar zijn gewaagd. Zij zijn allen even groot. In de praktijk komen echter gevallen van partieel oligopolie voor. Daarvan spreekt men zowel wanneer naast enkele grote veel kleine aanbieders aan de aanbodzijde optreden, als wanneer sprake is van enkele grote en enkele kleine aanbieders.

Praktische illustratie

Stelt u zich eens een markt van scheermesjes voor, waarop slechts twee fabrikanten als aanbieder optreden. U krijgt de volgende cijfers en feiten voorgelegd.

Het verloop van de totale verkopen en van de marktaandelen in de periode van 1997 tot en met 2000 geeft het volgende beeld.

Tabel 3

	Eind 1997	Eind 1998	Eind 1999	Eind 2000
De totale markt in miljoenen stuks	40	60	100	130
Het marktaandeel van I in procenten	60%	50%	35%	38%
Het marktaandeel van II in procenten	30%	40%	55%	52%

In de loop van 1998 heeft een bijzondere gebeurtenis plaatsgevonden: uw concurrent fabrikant II heeft een nieuw type scheermesjes, vervaardigd van extra dun roestvrij staal, op de markt gebracht.

Deze situatie geeft aanleiding tot de volgende vragen:

1 Wanneer gesproken wordt over de 'markt voor het consumptiegoed scheermesjes', is deze markt dan scherp af te bakenen? Zo ja, op welke wijze? Zo nee, waarom niet?
2 Kan worden aangegeven welke marktvorm hier bestaat? Welke kenmerken moeten worden onderzocht om een marktvorm te typeren?
3 Wanneer moet worden nagegaan wie de mogelijke consumenten voor dit goed zijn? Welk onderzoek moet dan worden gedaan?
4 Zijn de gebruikers van dit artikel ook de kopers?

5 Op wie zou een scheermesjesfabrikant zijn reclameactiviteit moeten
richten?

Men besluit de in tabel 3 vermelde gegevens betreffende de beide marktaandelen eens in een duidelijke grafiek onder te brengen.

6 Met behulp van deze grafiek geeft men aan wat er met de marktaandelen is gebeurd.
7 Men verklaart wat er is gebeurd.
8 Wat kan aanbieder 1 hebben ondernomen om zijn marktaandeel in
1999-2000 te herstellen?
9 Uit de cijfers van de totale verkopen blijkt dat deze in de tijd zijn toegenomen. Welke drie belangrijke oorzaken kan men hiervoor aangeven?

Netwerkeconomie

Onder invloed van de informatietechnologie ontwikkelt de Nederlandse
economie zich steeds meer tot een netwerkeconomie. Voor deze ontwikkeling bezigt men wel eens de aanduiding nieuwe economie. Nieuw is
inderdaad dat traditionele grenzen nauwelijks meer bestaan. Met behulp
van internet zijn de transactiekosten van wereldwijde communicatie dramatisch gedaald. Sommigen denken wel eens dat de netwerkeconomie
heeft afgerekend met de schaarste, zodat wij een tijdperk van overvloed
zijn binnengetreden. Deze zienswijze miskent het fundamentele karakter van de schaarste, zoals blijkt uit het beslag dat op de tijd wordt gelegd. De schaarste blijft, in die zin is er niets nieuws onder de zon, maar
wij voorzien wel gemakkelijker in onze behoeften, die ook een steeds
bonter patroon vertonen.

De begrippen markt, bedrijfstak en bedrijfskolom verliezen veel van
hun betekenis in de netwerkeconomie, daar elke afbakening haaks staat
op de wereldwijde transacties die vierentwintig uur per dag in de netwerkeconomie kunnen worden afgewikkeld. In de netwerkeconomie kopen
consumenten via internet goederen, zoals boeken en cd's overal ter wereld, waardoor zij bestaande distributiekanalen overslaan. Hierin schuilt

een dreiging voor het bestaan van boekhandelaren, apothekers en andere detaillisten. Consumenten kunnen zelfs gezamenlijk gaan inkopen door eerst andere consumenten via internet op te zoeken, die eenzelfde goed willen aankopen. Hierdoor worden gemakkelijker kortingen bereikt en kan zelfs het gebruik van geld worden overgeslagen. In natura kunnen bijvoorbeeld 1000 boeken worden geruild tegen een computer. Achtergrond van deze ontwikkeling is dat door internet de transactiekosten van ruil in natura dramatisch dalen. Consumenten gaan in de netwerkeconomie nieuwe transacties aan die in de oude economie niet eens in de gedachte opkomen, zoals het op donderdag boeken van een reis naar New York in het aansluitende weekend om een show op Broadway te bezoeken. De daartoe noodzakelijke informatie is in enkele minuten vergaard, tickets voor shows en vliegtuig zijn eveneens in enkele minuten gekocht.

Wat voor consumenten geldt, is uiteraard ook van toepassing op ondernemingen. Zij zijn veel beter en tegen veel lagere kosten geïnformeerd over prijzen en kwaliteiten van grondstoffen, die zij voor hun bedrijvigheid nodig hebben. Door de moderne communicatiemiddelen is fysieke verplaatsing veel minder nodig. Met een laptop kan vanaf elke plaats een transactie tot stand worden gebracht. Het komt dus ook steeds minder aan op het maken van tastbare goederen en steeds meer op het ontwikkelen en uitvoeren van ideeën, die op een steeds fijnzinniger wijze in de behoeften van mensen voorzien.

De in de oude economie werkende ondernemingen kunnen zich aan deze informatie- en communicatierevolutie niet onttrekken. Hun omgeving verandert in een zo snel tempo dat informatie over wat elders gebeurt cruciaal is voor het voortbestaan van de onderneming. Men moet weten waar bedreigingen vandaan komen, maar ook welke nieuwe kansen er blijkens successen elders hier liggen. Alle markten zijn wereldmarkten geworden. Ondernemers die lokaal blijven denken zijn ten dode opgeschreven.

De netwerkeconomie brengt niet alleen veranderingen met zich mee voor bestaande ondernemingen, maar heeft ook talloze nieuwe ondernemingen voortgebracht, zoals Amazon, Yahoo! en Cisco. Wat deze ondernemingen verenigt, is dat informatiegoederen een belangrijke rol spelen in hun productieproces.

Onder informatiegoederen worden alle goederen verstaan die digitaal kunnen worden opgeslagen. Dit zijn boeken, muziek, films, aandelen-koersen en webpagina's. Informatiegoederen onderscheiden zich van 'gewone' goederen doordat de waarde voor de consument ervan pas te bepalen is nadat de informatie is geconsumeerd. Ze worden daarom ook wel ervaringsgoederen genoemd. Daarnaast onderscheiden informatie-goederen zich van gewone goederen door hun kostenstructuur. Het pro-duceren van het eerste exemplaar van een informatiegoed is zeer kost-baar, terwijl reproductie juist erg goedkoop is. Zo is het produceren van het eerste exemplaar van het besturingsprogramma Windows erg duur; het maken van een kopie van Windows kost vrijwel niets. Daarbij komt nog dat de distributie van goederen door de informatietechnologie steeds goedkoper wordt. De kosten van het produceren van het eerste exemplaar van een informatiegoed maken hierdoor een nog groter deel uit van de totale kosten. Er is sprake van toenemende schaalvoordelen. Hoe groter de schaal waarop een onderneming produceert, hoe lager de gemiddelde kosten. Aan het bestaan van deze schaalvoordelen zijn twee belangrijke gevolgen verbonden.

Het eerste gevolg is dat als reproductie voor ondernemingen goed-koop is, dit voor consumenten in sommige gevallen ook zo is. Kenmer-kend in dit opzicht zijn de ontwikkelingen in de muziekindustrie. Platen-maatschappijen hebben hun cd-verkopen door de opkomst van internet drastisch zien dalen. Het softwareprogramma MP3 heeft hier een grote rol bij gespeeld. Met behulp van dit programma kan muziek veel com-pacter worden opgeslagen dan op de manier die voor conventionele cd's gebruikelijk is, zonder dat de kwaliteit veel achteruitgaat. Ter vergelij-king: past op een gewone muziek-cd ruim één uur muziek (74 minuten), met behulp van MP3 kan op een cd ongeveer tien uur muziek worden weggeschreven. Het grote voordeel hiervan is dat het downloaden van muziek van internet veel sneller gaat. Hierdoor zijn internetgebruikers massaal muziek gaan uitwisselen, met als gevolg het ontstaan van tallo-ze MP3-websites. Platenmaatschappijen maken zich grote zorgen over deze ontwikkeling en proberen dit met behulp van rechtszaken tegen te gaan. Of artiesten evenzeer te lijden hebben van het vele gebruik van MP3, is echter de vraag. De lage reproductiekosten van informatiegoede-ren hebben namelijk ook een belangrijk voordeel: ze bieden ruime mo-gelijkheden voor marketing. Net zoals een wasmiddelenproducent gratis proefverpakkingen weggeeft, kan een artiest gratis stukjes muziek weggeven als reclame voor een cd of een optreden.

De marketingstrategie belichaamt ook dat informatiegoederen ervaringsgoederen zijn. Door consumenten de muziek te laten beluisteren, wordt hun de mogelijkheid geboden de muziek te ervaren. Het ligt in de verwachting dat deze strategieën in de toekomst steeds meer gebruikt zullen worden, omdat dit een manier is de aandacht van consumenten te trekken. Veel ondernemingen die software produceren, gebruiken dit soort strategieën al. Zij geven gratis eenvoudige versies van hun programma's weg om de aandacht van consumenten te trekken en ze over te halen meer geavanceerde versies van hun programma's te kopen. Economen spreken in dit verband wel van de 'economie van de aandacht'. Daar internet een heel vluchtig medium is waarop een overvloed aan informatie wordt geboden, is het voor ondernemingen van groot belang de aandacht te trekken van consumenten.

Er is nog een tweede belangrijk gevolg verbonden aan de kostenstructuur van informatiegoederen. Als er sprake is van toenemende schaalvoordelen, is het voor een onderneming voordelig om zo groot mogelijk te worden. Bij ondernemingen in meer traditionele sectoren van de economie is er ook sprake van schaalvoordelen, maar als een onderneming te groot wordt, slaan deze schaalvoordelen om in schaalnadelen. De kosten per eenheid product stijgen dan. Dit komt omdat de onderneming trager wordt in haar besluitvorming, omdat er niet goed wordt gecommuniceerd tussen de verschillende afdelingen, of omdat de lokale markt verzadigd is en transportkosten voor andere potentiële markten te hoog zijn. Bij ondernemingen die informatiegoederen produceren, ontbreekt een dergelijk omslagpunt. Als Microsoft eenmaal de investering heeft gedaan om Windows te produceren, heeft de onderneming er belang bij zo veel mogelijk kopieën van Windows te verkopen. Hierdoor dalen de gemiddelde kosten en wordt de winstmarge groter. Er is dus een natuurlijke tendens voor Microsoft om een dominante marktpartij te worden.

Deze tendens wordt nog versterkt door wat economen 'netwerkeffecten' noemen. Alle gebruikers van Windows vormen samen een 'virtueel netwerk'. Om uit te leggen waarom dit zo is, bekijken wij eerst een niet-virtueel netwerk, het vaste telefonienetwerk. Als men als consument een aansluiting heeft op dit netwerk, neemt de waarde van de aansluiting toe naarmate er meer andere consumenten op dat netwerk zijn aangesloten. Men kan dan immers meer mensen bereiken met de telefoonaansluiting. Dit werkt precies zo in het geval van Windows. Naargelang meer mensen Windows gebruiken, is het aantrekkelijk om ook Windows te gaan gebruiken. De reden hiervoor is dat softwareprogramma's vaak maar onder één besturingssysteem werken. Omdat de meerderheid van de computergebruikers Windows op zijn computer heeft geïnstalleerd, zullen schrijvers van softwareprogramma's dit besturingsprogramma vaak als uitgangspunt kiezen. Dit geeft ze de grootste potentiële markt. Als computergebruiker doet men er verstandig aan Windows te kiezen. Dit verstevigt de positie van Microsoft en maakt het voor Macintosh moeilijk om te overleven.

In markten waar informatiegoederen worden geproduceerd is er dus een neiging voor ondernemingen een dominante marktpartij te worden. Veel economen verwachten dat van alle nieuwe internetondernemingen die nu worden opgestart, slechts een klein deel op termijn zal overleven. Als een onderneming eenmaal zo'n positie heeft, kan er veel winst worden gemaakt, waarmee eventuele verliezen in de beginfase worden gecompenseerd. In die zin is het niet vreemd dat beleggers bereid zijn te investeren in internetondernemingen die nu verlies maken. Niettemin zijn monetaire autoriteiten soms bezorgd over de huidige koersen van internetondernemingen. Een ander punt waar beleggers rekening mee moeten houden, is dat de overheid kan ingrijpen als een onderneming een te grote machtspositie krijgt. De Amerikaanse overheid heeft dit laten zien in het geval van Microsoft, dat dreigt te worden opgesplitst. In de toekomst kan dit ook met andere internetondernemingen gebeuren.

Consumenten

De consument als koning

Consumeren is, in de economie, het kopen van goederen door consumenten. Consumenten, gezinnen en andere samenlevingsvormen noemen wij ook wel consumptiehuishoudingen. De goederen die consumenten kopen noemen wij consumptiegoederen. Een fiets, een fles cola en een sweater zijn voorbeelden van stoffelijke consumptiegoederen. Een bezoekje aan de bioscoop of aan de tandarts en een ritje met een taxi zijn voorbeelden van onstoffelijke consumptiegoederen. Onstoffelijke consumptiegoederen noemen wij diensten. Voedsel, kleding en huisvesting zijn voorbeelden van noodzakelijke of primaire consumptiegoederen.

Vakantiereizen en videorecorders vinden de meeste mensen luxe consumptiegoederen. Als het gebruik van consumptiegoederen geen nadelige gevolgen heeft voor het milieu, noemt men deze goederen duurzame consumptiegoederen. De term duurzame consumptiegoederen wordt ook gebruikt voor goederen die geruime tijd worden gebruikt, zoals een auto. Aan dit voorbeeld ziet men dat beide betekenissen goed uit elkaar moeten worden gehouden.

Wij kunnen consumptiegoederen dus op drie manieren indelen: in stoffelijke en onstoffelijke goederen, in primaire en luxegoederen en in duurzame en niet-duurzame goederen.

De onafgebroken stroom van nieuwe goederen en diensten maakt de beslissingen van de consument er niet gemakkelijker op. Individuele consumenten nemen in het economisch leven nog steeds een zwakke positie in zolang zij geen gebruik maken van moderne informatietechnologie. Zij kunnen weliswaar naar de rechter stappen in het geval van een geschil met een onderneming, maar gerechtelijke procedures zijn erg kostbaar. Daardoor kan een onderneming de strijd meestal langer volhouden dan een consument. De ongelijke strijd tussen machtige ondernemingen en individuele kopers heeft ertoe geleid dat de consumenten zich zijn gaan organiseren. Dit streven van de consumenten noemt men consumentisme. In Nederland is in 1953 de Consumentenbond opgericht. De Consumentenbond, een vereniging met ruim 500.000 leden, geeft het maandblad *Consumentengids* uit.

In de *Consumentengids* licht de Consumentenbond de leden voor over de kwaliteit en de prijzen van producten. Dit gebeurt door middel van vergelijkende warenonderzoeken. Voor een consument is het meestal onmogelijk om zelf precies de verschillen tussen de diverse merken te ontdekken. Bovendien is vaak niet volledig bekend uit welke merken men kan kiezen en hoe hoog de verschillende prijzen in de winkels zijn. Door vooraf de vergelijkende warenonderzoeken te raadplegen, kan men een betere koopbeslissing nemen. De consumentenorganisaties leveren ook diverse diensten aan individuele consumenten. Een voorbeeld is rechtsbijstand. Als een consument een geschil heeft met een onderneming over garantiebepalingen, geven de juristen van de Consumentenbond advies en helpen zij bij een eventuele rechtszaak. Verder kunnen de leden telefonisch advies vragen over de aankoop of het gebruik van goederen of diensten.

Behalve op de consumenten richten de consumentenorganisaties hun aandacht ook op de ondernemingen. Zij proberen de ondernemers ertoe te brengen veilige producten te maken. Zij hebben als eerste de eis gesteld van duidelijke productinformatie. Ondernemingen die voedingsmiddelen maken, moeten de samenstelling op de verpakking vermelden. Verder streven zij naar duidelijke leverings- en garantiebepalingen, zodat een consument bij geschillen precies weet waar hij aan toe is. De ondernemingen zijn uit eigen beweging niet altijd bereid aan de wensen van de consumenten tegemoet te komen. Daarom probeert de Consumentenbond ook via de overheid de positie van de consumenten te versterken. Binnen de Sociaal-Economische Raad, die de overheid van advies dient, is er een aparte commissie consumentenzaken. In deze commissie hebben naast vertegenwoordigers van de consumenten, ook vertegenwoordigers van de werkgevers en de werknemers zitting.

De overheid beschermt de belangen van de consument met verscheidene wettelijke regelingen. Zo zijn de algemene voorwaarden bij aankoop van goederen dwingend voorgeschreven. Ook is er een zwarte lijst, waarop staat welke voorwaarden niet zijn toegestaan. De regeling consumentenkoop regelt de rechten die een consument heeft, als een product niet aan haar of zijn verwachtingen voldoet. Verder zorgt de productaansprakelijkheid ervoor dat consumenten die schade ondervinden van het gebruik van een product deze kunnen verhalen op de producent. De Warenwet regelt het toezicht op de kwaliteit van voedingsmiddelen. Regionale Keuringsdiensten van Waren zien toe op de naleving van deze wet. De Colportagewet beschermt de consumenten tegen al te opdringerige verkoopmethoden van de ondernemingen. Colportage – dat is het verkopen van artikelen aan de deur, op feesten of op straat – is aan strenge bepalingen gebonden. De wet biedt de consumenten de mogelijkheid een gesloten koopovereenkomst binnen een bepaalde periode weer ongedaan te maken. Het Burgerlijk Wetboek verbiedt reclame die onjuiste informatie bevat over het geadverteerde product. Van misleiding is sprake als de kwaliteit slechter is dan de reclame suggereert. Verder is de positie van de consument versterkt omdat consumenten collectief tegen een producent kunnen procederen. Een Europese richtlijn maakt vergelijkende reclame mogelijk.

De overheid is ook actief bij het stimuleren of afremmen van de consumptie van sommige goederen. Goederen waarvan de overheid het gebruik stimuleert, noemen wij bemoeigoederen of *merit*-goederen. Bij bemoeigoederen kan men denken aan openbare bibliotheken, musea en natuurgebieden. Voor deze goederen geeft de overheid subsidies. Goederen waarvan de overheid het gebruik wil ontmoedigen, noemen wij *demerit*-goederen. Sigaretten en alcohol zijn voorbeelden van demerit-goederen. De overheid heft op deze goederen hoge accijnzen, zodat de consument er een hoge prijs voor moet betalen.

Onder invloed van de consumentenorganisaties zijn onafhankelijke geschillen- en klachtencommissies ontstaan. Deze commissies kunnen bindende uitspraken doen over geschillen tussen een onderneming en een consument. Een voorbeeld is de Geschillencommissie Openbare Nutsbedrijven. Men kan daar terecht met klachten over de levering van gas, water of elektriciteit. Er zijn ook geschillencommissies bij de Postbank, TNT-Telecom en de banken. Voor consumenten kan het voordeliger zijn een klacht aan een geschillencommissie voor te leggen dan aan de rechter. Als de consument gelijk krijgt, maar de producent is failliet, ontvangt de consument via de rechter geen schadevergoeding. Bij een geschillencommissie krijgt hij toch een bedrag uit een garantiefonds.

De positie van de consument wordt thans in hoog tempo sterker door de technologie. Internet biedt de consument de mogelijkheid rechtstreeks wereldwijd goederen te kopen, waarbij traditionele distributiekanalen worden overgeslagen. Maar ook als de consument dichter bij huis blijft, kan met behulp van internet heel snel veel informatie worden verkregen over de kwaliteit, de prijzen en het assortiment van goederen. De consument staat daardoor kritischer tegenover reclameboodschappen en andere uitingen van marketing van de ondernemingen. Bovendien is het voor de consument gemakkelijker geworden samen met andere consumenten een vuist te maken. Door deze ontwikkelingen is de consument minder aangewezen op juridische procedures. De enorme concurrentie in combinatie met informatietechnologie heeft de consument eindelijk koning gemaakt.

Consumentengedrag

Als ondernemingen nieuwe producten op de markt brengen waarvoor consumenten nog geen voorkeur hebben, proberen zij bij de consumenten die voorkeur te ontwikkelen. Hiermee komen wij in een grensgebied van de economie, omdat de psychologische inborst van de consumenten wordt aangeboord. Meestal spelen bij het kopen naast psychologische ook sociale motieven een rol, die de consument zich niet bewust is. Een motivatieonderzoek kan inzichten opleveren voor het commerciële beleid van de ondernemingen. Als men weet waarom een consument een bepaald goed koopt, kan een onderneming daarop inhaken met reclamecampagnes. Ook het waarnemings- en het leervermogen van de consument zijn van belang. Het waarnemingsvermogen is de mate waarin de consument gevoelig is voor een assortiment goederen. Meestal neemt een consument selectief waar. Dit betekent dat alleen informatie doordringt, die ook betekenis voor de consument heeft. Uiteraard is deze waarneming subjectief, 'gekleurd'. Iemand die zelf net een Citroën heeft gekocht, ziet meer Citroëns op de weg dan iemand die in een Lancia of een Opel rijdt. Onder invloed van de informatietechnologie verandert de subjectieve waarneming van de consumenten. Het leervermogen is de mate waarin de consument zich in zijn koopgedrag kan aanpassen aan de stroom van nieuwe producten. Kent een consument een nieuw product nog niet, dan zoekt hij informatie om tot een keuze te komen. Kent de consument een bepaald product eenmaal, dan krijgt hij een voorkeur voor een bepaald merk en vertoont hij ten slotte wellicht een routinematig koopgedrag. Gewoontegoederen koopt een consument meestal routinematig, bijvoorbeeld altijd hetzelfde merk koffie. Specifieke of exclusieve goederen koopt iemand alleen routinematig als hij al een voorkeur voor een merk heeft.

Sommige consumenten is er iets aan gelegen om geheel nieuwe goederen als eerste aan te schaffen. Zij zijn consumptiepioniers. Ter wille van hun status zijn zij bereid een erg hoge prijs te betalen voor de nieuwigheden. Ook onder de jongeren is er een groep die zich door dergelijke overwegingen laat leiden. Dat sommige goederen alleen een succes zijn in de markt als zij voorzien zijn van een speciaal merkteken, valt uitsluitend psychologisch te verklaren. In deze sfeer ligt ook het verkopen van allerlei goederen door middel van de combinatie met een stripfiguur, de zogenaamde *character merchandising*. De doelgroep bij uitstek voor deze goederen zijn kinderen. Zij zetten hun ouders onder druk om zulke goederen te kopen.

Kopen op afbetaling komt veel voor. De ondernemingen maken het de consumenten in dit opzicht gemakkelijk. Daarnaast stellen allerlei kleinere financiële instellingen kredieten of leningen ter beschikking. De consumenten maken er veel gebruik van. Dat valt te verklaren doordat duurzame consumptiegoederen, zoals de auto en de videorecorder, in het consumptiepatroon een grote plaats innemen. Bij het voorzien in hun behoeften aan die goederen lopen vele consumenten vooruit op toekomstige inkomsten. Daar komt bij dat ook de grote banken bereid zijn duurzame consumptiegoederen te financieren en vakantiereizen 'op de pof' te leveren. Ook de persoonlijke leningen van de banken worden vaak gebruikt voor de financiering van duurzame consumptiegoederen.

Intussen is het afbetalingskrediet wel een erg dure kredietvorm. Dit komt doordat het risico voor de kredietgever betrekkelijk groot is en de administratiekosten hoog zijn. De overheid bestrijdt misstanden bij de afbetaling op grond van de Wet op het Afbetalingsstelsel. Deze wet regelt het verlenen van krediet bij het kopen van roerende goederen of diensten. De wet schrijft voor dat winkeliers die op afbetaling verkopen, moeten zijn ingeschreven in een speciaal register bij de Kamer van Koophandel, waaruit zij bij misbruik kunnen worden verwijderd. Om te voorkomen dat iemand al te grote schulden maakt, eist de wet dat de koper ten minste 20 procent van de prijs voldoet als eerste storting, de kasstorting. Persoonlijke leningen worden geregeld in de Wet op het Consumptief Geldkrediet. Deze wet eist dat de effectieve rente in de kredietovereenkomst staat.

De effectieve rente is de rente die men werkelijk moet betalen. Meestal is deze hoger dan uit de aanbieding van de verkoper blijkt. Jongeren hebben de neiging meer consumptief te besteden dan hun inkomen rechtvaardigt. Er is sprake van 'ontsparen'. Later in het leven compenseren mensen dit, doordat zij minder consumeren, terwijl zij meer verdienen. Zij sparen dan juist weer meer.

Consumentenprijsindex

Heel algemeen gezegd, zijn indexcijfers getallen waarmee de ontwikkeling van een grootheid in de loop van de tijd wordt weergegeven. In de marketing bestaat altijd grote belangstelling voor een bepaalde grootheid: de prijzen. Men gebruikt indexcijfers om de ontwikkeling van de prijzen in eenvoudige getallen uit te drukken. Stel een fles cola kost in het jaar 2000 3,00 euro en in het jaar 2001 3,30 euro. Om het prijsindexcijfer voor cola in 2001 uit te rekenen, stelt men de prijs in 2000 op 100. Het jaar 2000 noemt men het basisjaar en 2001 de beschouwde periode.

Men berekent het prijsindexcijfer voor cola in 2001 als volgt:

$$\frac{330}{300} \times 100 = 1{,}1 \times 100 = 110$$

Het prijsindexcijfer voor één goed, zoals cola in ons voorbeeld, is een enkelvoudig prijsindexcijfer. Lastiger wordt het als de ontwikkeling van een aantal prijzen in de loop van de tijd met één indexcijfer wordt weergegeven. Dat is een samengesteld prijsindexcijfer. Het gaat niet alleen om de colaprijs, maar ook om de prijzen van appelsap, spa en sinas. Het samengestelde indexcijfer geeft weer hoe de prijzen van deze frisdranken gemiddeld in een bepaalde periode zijn gestegen. De medewerkers op de afdeling marketing van een onderneming, die zorg dragen voor de *desk research*, beschikken over al deze gegevens.

De consumentenprijsindex geeft de gemiddelde prijsontwikkeling weer van alle consumptiegoederen die in het huishoudboekje van de consument voorkomen. Om het juiste gemiddelde te bepalen moet er worden gewogen. Dit betekent dat wij rekening houden met de rol die een bepaald goed in het budget van de consument speelt. Als de consumenten naaktlopers zijn, laat het ze letterlijk en figuurlijk koud dat de kledingprijzen stijgen. Als de enkelvoudige prijsindex van de kleding stijgt van 100 naar 150, kennen zij aan kleding een gewicht nul toe. Anders is het, als de consumenten een kwart van hun inkomen besteden aan kleding. Dan krijgen de uitgaven aan kleding wél gewicht.

De consumentenprijsindex is een samengesteld gewogen prijsindexcijfer. De berekening gaat als volgt. Van elke goederensoort berekent men het enkelvoudige prijsindexcijfer. Vervolgens wordt gekeken hoeveel procent van het inkomen de consumenten aan deze soort goederen uitgeven. Dit percentage is het gewicht of de wegingsfactor. Het gewicht vermenigvuldigt men met het prijsindexcijfer. De uitkomsten voor alle goederensoorten telt men bij elkaar op. Dat getal wordt gedeeld door de som van de afzonderlijke gewichten en dan heeft men het samengesteld gewogen prijsindexcijfer. Voor deze berekening is kennis nodig van het bestedingspatroon van de consumenten. Van tijd tot tijd houdt het Centraal Bureau voor de Statistiek daarom een onderzoek bij consumenten, om erachter te komen hoe zij hun inkomen besteden. Men noemt dit een budgetonderzoek. Uit het budgetonderzoek blijkt welk percentage van hun budget de consumenten uitgeven aan voeding, kleding, woning en ontspanning. Daar deze gewichten in de loop van de tijd kunnen veranderen, moet het CBS het budgetonderzoek om de paar jaar herhalen. In de marketing zijn deze gegevens over het bestedingspatroon van consumenten van groot belang. Elke onderneming probeert een zo goed mogelijk beeld te krijgen van de bedragen die de doelgroep van de marketing van de eigen onderneming aan de goederen wil besteden. Het micro-economische marktonderzoek is mede daarop gericht.

In de macro-economie komt bij loononderhandelingen tussen werkgevers en werknemers de consumentenprijsindex ter tafel als de werknemers de ontwikkeling van de prijzen in de loononderhandelingen betrekken. Het percentage prijsstijging wordt afgeleid uit de consumentenprijsindex. Verder wordt op de consumentenprijsindex gelet vanwege de inflatie. Een sterke toeneming van het cijfer betekent dat vrijwel alle prijzen aan het stijgen zijn. De koopkracht van de consumenten gaat achteruit, omdat zij voor hetzelfde nominale inkomen minder goederen kunnen kopen. De Europese Centrale Bank, die gevestigd is in Frankfurt en onder leiding staat van de Nederlander Wim Duisenberg, let in het eurogebied op de cijfers over de inflatie, omdat deze niet te hoog mag worden. Voor de marketing gaat het hier om globale externe ontwikkelingen die echter toch hun micro-economische uitwerking niet missen.

De vraag

Bij de beschrijving van het micro-economische gedrag van consumenten komt altijd een ervaringsregel ter sprake die bekend staat als de eerste Wet van Gossen. Gossen, een zonderlinge Duitse econoom uit de negentiende eeuw, betoogde in een zeldzaam boek uit 1854 dat het grensnut van een goed daalt naarmate men meer van een goed consumeert. Het grensnut is de extra behoeftebevrediging die de laatste eenheid van een goed oplevert. Als iemand dorst heeft en water gaat drinken, levert het eerste glas water de grootste extra behoeftebevrediging op. Het tweede glas levert een lager extra nut op. Door deze wet van het dalende grensnut gaat de voorkeur van een consument niet steeds naar hetzelfde goed uit. Telkens komt een ander goed op de eerste plaats.

De consumenten verschillen van elkaar in hun consumptieve gedrag. Er kunnen verscheidene oorzaken worden genoemd zoals status en inkomen, scholing, klimaat, reclame, reactie op nieuwe producten, samenlevingsvorm, mode, woonomgeving en vermogen.

Iemands status heeft betrekking op de positie die hij of zij in de samenleving bekleedt. Daar hoort een bepaald bestedingsgedrag bij. Het gebruik van een mobiele telefoon is een populair statussymbool. Het inkomen bepaalt voorts de status en de consumptiegewoonten. Ook de scholing is van invloed op het bestedingsgedrag. Mensen met een beperkte opleiding kopen andere boeken dan burgers met een hoog opleidingsniveau. Ook verschillen in culturele achtergrond spelen een rol. In een warm klimaat kopen wij andere goederen dan in een koud klimaat. Er worden meer ijsjes en frisdranken verkocht als het warm is en meer luchtige kleren. Reclame stimuleert de vraag van de consumenten, maar niet iedereen reageert op dezelfde wijze. Soms geeft de reclame duidelijke informatie, soms is de reclame vooral suggestief, met erotische beelden en teksten. De samenlevingsvorm heeft sterke invloed op de consumptie. Een gezin met kinderen koopt andere goederen dan samenwonende tweeverdieners zonder kinderen. Sommige mensen willen graag de nieuwste mode volgen. Voor de een is Calvin Klein-ondergoed fantastisch, de ander loopt in een Australian. Mensen willen graag op gelijk niveau blijven met de mensen uit hun buurt of woonomgeving. Als de buurvrouw een nieuwe cd-speler heeft aangeschaft, willen wij er ook een hebben. Dit verschijnsel noemen wij 'to keep up with the Joneses next door'. Zodra wij ook een nieuwe cd-speler hebben is voor de buurvrouw de lol er af, omdat haar relatieve positie in de groep weer dezelfde is als voorheen. Iemand kan zijn of haar vermogen aanspreken voor consumptie, zoals het kopen van een dure vakantiereis of voor het kopen van een nieuw huis. De opkomst van nieuwe producten en diensten beïnvloedt ook het gedrag van de consument. Enkele jaren geleden wisten wij nog niet wat internet was, terwijl nu 'iedereen' een e-mailadres heeft.

In het algemeen neemt de gevraagde hoeveelheid van een goed toe als de prijs van het goed lager is. De individuele-vraagcurve naar fruit heeft een dalend verloop. Een consument koopt een grotere hoeveelheid fruit bij een lagere prijs. Ook als wij de totale- of collectieve-vraagcurve van een groep consumenten bekijken, is er in het algemeen sprake van een dalend verloop. De groep consumenten koopt een grotere hoeveelheid van een goed bij een lagere prijs. De vraagcurve heeft niet altijd een dalend verloop. Onder bepaalde omstandigheden hoort bij een hogere prijs juist een grotere gevraagde hoeveelheid. Zo blijkt de totale vraag naar bontjassen hoger te zijn naarmate de prijs hoger is.

In de economie gaan wij ervan uit dat individuele consumenten naar een zo groot mogelijke behoeftebevrediging streven. Zij zijn in staat, gegeven hun voorkeuren, goederencombinaties zo te rangschikken dat zij daaraan een maximaal nut ontlenen. Wij weten allemaal dat zij in dit streven worden beperkt door de prijzen van de goederen en het inkomen. Bij bepaalde prijzen en een bepaald inkomen proberen consumenten de combinaties van goederen die zij kopen zo samen te stellen, dat deze een zo hoog mogelijk nut opleveren. Als wij de hoeveelheden van twee goederen aangeven met q_1 en q_2, de prijzen van de goederen met p_1 en p_2 en het inkomen van een consument met i, dan kunnen wij zeggen dat de beste hoeveelheden van de goederen voor deze consument, namelijk $\bar{q}_1$ en $\bar{q}_2$, bepaald worden door p_1, p_2 en i. De beste hoeveelheden $\bar{q}_1$ en $\bar{q}_2$ betekent hier dat de consument zo goed mogelijk aan zijn of haar behoeften voldoet door deze hoeveelheden te kopen. Zijn of haar nut is maximaal. Wij noemen de combinatie van goederen waarbij het nut maximaal is: de optimale combinatie. Wanneer de prijzen veranderen, veranderen ook de optimale hoeveelheden $\bar{q}_1$ en $\bar{q}_2$. Hetzelfde geldt voor het inkomen. Als het inkomen verandert, verandert de optimale combinatie van de goederen die de consument koopt ook. Wij kunnen opschrijven dat $\bar{q}_1 = f_1(p_1, p_2, i)$ en $\bar{q}_2 = f_2(p_1, p_2, i)$. In woorden staat hier dat de optimale gevraagde hoeveelheid van elk goed afhankelijk is van alle prijzen en het inkomen. Dus als wij de vraag naar appels bekijken, hangt de optimale hoeveelheid niet alleen af van de prijs van appels, maar ook van de prijs van peren, kersen, de prijs van T-shirts, kortom van alle prijzen en het inkomen. Ook van T-shirts, want als de prijs van T-shirts stijgt, kunnen wij met hetzelfde inkomen minder kopen; het reële inkomen daalt en dit beïnvloedt het hele consumptiepakket. Voor de marketing is dit inzicht in de algemene samenhang van de prijzen van groot belang. Wordt dit inzicht verwaarloosd dan kan men gemakkelijk voor onaangename verrassingen komen te staan als de eigen afzet ineens daalt omdat elders een goed op de markt is gekomen met een lagere prijs dat een onverwacht substituut is voor het eigen product.

Soms letten wij niettemin bij het beschrijven van het consumentengedrag alleen op de prijs van het betrokken goed, en niet op de andere factoren, de voorkeuren van de consument, de prijzen van andere goederen en het inkomen van de consument. Wij veronderstellen voor het gemak dat deze overige omstandigheden gelijk blijven. Omdat wij deze werkwijze nogal eens toepassen, is daar in de theorie een aparte uitdrukking voor. De overige omstandigheden noemen wij de ceteris-paribus-voorwaarden. Ceteris paribus is Latijn en betekent eenvoudig dat in de beschouwingswijze al het overige gelijk blijft. Deze werkwijze mag men in de marketing alleen voorlopig toepassen.

Naarmate de prijzen van de goederen hoger zijn, bereikt de consument bij een gelijkblijvend inkomen een lager niveau van behoeftebevrediging. Met het stijgen van het inkomen wordt de situatie voor de consument beter. Dit betekent ook dat elke prijsverandering verschuivingen uitlokt in het pakket goederen dat de consument koopt. Als de prijs van koffie stijgt en de andere prijzen blijven gelijk, heeft de consument de neiging iets minder koffie te kopen en meer thee te drinken. De consument vervangt de in prijs gestegen goederen door de naar verhouding goedkoper geworden goederen. Dit is het substitutie-effect. Thee is in dit voorbeeld een substitutiegoed voor koffie. Bij een prijsstijging is er ook een inkomenseffect, want het reële inkomen van de consument daalt. De grootte van deze effecten verschilt al naargelang het goed dat in ogenschouw wordt genomen. Bij veel goederen versterken deze effecten elkaar, bij sommige goederen werken zij tegen elkaar in. In de marketing moet steeds precies worden nagegaan hoe deze effecten in een concrete situatie optreden. Wij kunnen nu vaststellen dat de individuele vraag naar een bepaald goed – dat is de hoeveelheid die één consument van een goed vraagt – afhankelijk is van de voorkeuren van die consument, de prijs van het betrokken goed, de prijzen van de andere goederen en het inkomen van de consument. De collectieve-vraagfunctie van koffie geeft weer hoeveel koffie de gezamenlijke consumenten vragen bij uiteenlopende prijzen. Verschuivingen van de collectieve-vraagcurve kunnen in het algemeen het gevolg zijn van verandering van de voorkeuren van de consumenten, verandering van de prijzen van andere goederen, verandering van de inkomens van de consumenten en van verandering van het aantal consumenten. Op de markten weerspiegelt de vraag van de consumenten de afzet die voor de producenten bereikbaar is. Ondernemers willen graag weten welke speelruimte zij bij het vaststellen van marktprijzen hebben. Als de melkprijs omhooggaat, heeft dit niet zo veel invloed op de vraag naar melk. De gevraagde hoeveelheid melk is betrekkelijk ongevoelig voor wijzigingen in de melkprijs. Wij zeggen dat de vraag naar melk inelastisch is. De vraag naar vakantiereizen is naar verhouding elastischer – prijsgevoeliger – dan de vraag naar melk. Als de prijs van vakanties flink stijgt, zal er een duidelijke daling zijn van de vraag naar vakanties.

Om de mate van prijsgevoeligheid van de vraag nauwkeuriger aan te geven, werkt men in de marketing met de prijselasticiteitscoëfficiënt E_v. Deze geeft de volgende verhouding weer:

$$E_v = \frac{\text{procentuele verandering van de gevraagde hoeveelheid van een goed}}{\text{procentuele verandering van de prijs van dit goed}}$$

Met de waarde van de prijselasticiteitscoëfficiënt kan men snel zien welk gevolg een prijsverandering zal hebben voor de gevraagde hoeveelheid. Als bijvoorbeeld $E_v = -3$, zal een prijsverhoging met 1 procent leiden tot een daling van de gevraagde hoeveelheid met 3 procent. Het negatieve teken weerspiegelt dat bij een hogere prijs een lagere gevraagde hoeveelheid hoort.

Van een inelastische vraag is sprake als een prijsverandering wordt gevolgd door een procentueel kleinere verandering van de vraag. Iets dergelijks kan men verwachten als een goed op korte termijn moeilijk vervangbaar is door een ander goed, bijvoorbeeld benzine. De prijselasticiteitscoëfficiënt ligt in dit geval tussen 0 en -1.

Een elastische vraag houdt in dat de vraag procentueel meer verandert dan de prijs. De waarde E_v is dan bijvoorbeeld -3. Veel luxegoederen kennen een elastische vraag, vooral als de consument zonder bezwaar op een ander, enigszins vergelijkbaar artikel kan overstappen. In de praktijk kan men een indruk krijgen van de afzetsituatie en de grootte van de prijselasticiteiten door het doen van marktonderzoek. Het uitstippelen van het marketingbeleid is zonder dit kwantitatieve onderzoek niet denkbaar omdat dan kennis ontbreekt omtrent het precieze effect van de commerciële acties. Er worden gegevens verzameld over de verkochte hoeveelheden en prijzen van goederen in de loop van de tijd en uiteenlopende gebieden. Deze gegevens worden nader gegroepeerd en bewerkt. Door de informatietechnologie is de kennis van het gedrag van consumenten aanzienlijk toegenomen. Door de registratie van het koopgedrag en de combinatie van databestanden is over elk individu bij de ondernemingen informatie beschikbaar over de intiemste details van het koopgedrag op de markten. In dit opzicht kan de wetgeving over privacy de technologie niet bijhouden. De informatie is bovendien veel actueler dan vroeger het geval was.

Marktonderzoek

De ondernemer heeft voor het opstellen van het product-, prijs-, distributie- en reclamebeleid een diepgaande kennis nodig van de markt en de marktomstandigheden. In het hoofdstuk Marktvormen is uitvoerig ingegaan op verscheidene factoren die van invloed zijn op de prijsvorming. In de praktijk komen vaak nog veel meer details naar voren die van belang zijn voor de marketingstrategie. Vragen over de groeimogelijkheden van de markt, prijs- en kortingstructuur, de bijzondere kenmerken van de afnemers dienen in gedetailleerde vorm te zijn beantwoord alvorens een gefundeerd marketingplan kan worden opgesteld. Vaak zijn deze karakteristieken van de markt niet bekend en moeten zij door middel van een onderzoek worden blootgelegd.

Niet alleen over de marktstructuur zullen de marketingspecialisten geïnformeerd willen worden, maar ook over de daadwerkelijke resultaten van hun inspanningen. De verkoopgegevens leveren wel een inzicht op, maar daarnaast zijn er nog andere aspecten van het marketingproces, die niet blijken uit de administratie van de onderneming. Wanneer een marketingplan tot doel heeft de verspreiding van een merkartikel te vergroten bij een bepaald soort winkels, bijvoorbeeld kruideniers, dan dient de ontwikkeling van de verspreiding regelmatig te worden getoetst aan het plan. Wanneer blijkt dat de werkelijke ontwikkeling bij het plan ten achter blijft wordt het marketingbeleid gewijzigd. Een ander onderdeel van het marktonderzoek is de 'nacalculatie'. Waarom zijn reclameacties voor een product A zeer succesvol geweest, terwijl een soortgelijke actie voor het product B in het geheel niet van de grond is gekomen? Een bestudering of een nacalculatie van dergelijke acties levert belangrijk materiaal op, waardoor in de toekomst foutieve beslissingen worden vermeden.

Het marktonderzoek levert informatie die gebruikt kan worden ter verbetering van de besluitvorming. Het verkrijgen van informatie brengt transactiekosten met zich, die worden vergeleken met de voordelen van een betere besluitvorming. Het onderzoek vindt plaats wanneer er voldoende zekerheid bestaat dat de transactiekosten geringer zijn dan de voordelen van een betere kennis. Hoewel deze voor de hand liggende regel in de praktijk moeilijk valt te volgen, omdat kwantificering van kosten en opbrengsten van een commercieel onderzoek een lastige zaak is, verdient het toch aanbeveling een zo goed mogelijke benadering van de voor- en nadelen op te stellen. Daarbij dient te worden overwogen dat onverwachte voordelen van betere informatie optreden, zoals blijkt uit het toepassen van de moderne technieken voor het afrekenen aan de kassa's in supermarkten. Men weet daarom van grote groepen consumenten precies wanneer goederen worden gekocht, welke goederen in de belangstelling staan en welke invloed de hoogte van de prijzen heeft. Deze informatie kan worden benut om de omzet te vergroten.

Kenmerken en opzet van marktonderzoek

De informatie over de marktstructuur en de marktontwikkeling wordt op verschillende manieren verzameld. Elke onderneming heeft door haar verkoopactiviteiten kennis van de markt waarop zij opereert. Deze kennis is vaak niet gesystematiseerd en is beperkt tot de directe ervaringen van de verkopers. Hoewel deze kennis voor sommige ondernemingen meer dan voldoende is, kan hiermee, zeker bij de grotere ondernemingen, niet worden volstaan.

Het vaak grote assortiment eindproducten, de vele afzetkanalen en de grote risico's, die verbonden zijn aan de marketingbeslissingen laten niet meer toe dat de marktkennis blijft staan bij de op traditionele wijze verworven inzichten. Alle belangrijke marketingbeslissingen vereisen een gedegen, wetenschappelijke voorbereiding. Dit speelt sterk in een tijd van snelle ontwikkeling op technisch en economisch gebied, want de ondernemer zal vaak moeten beslissen over het wel of niet toetreden tot nieuwe markten, hetzij in het buitenland, hetzij tot een markt van geheel nieuwe producten. Vaak zijn met dergelijke beslissingen aanzienlijke financiële belangen gemoeid. Het is niet verantwoord een dergelijke beslissing alleen te nemen op basis van het 'fingerspitzengefühl' of de visie van de ondernemer. Een ondersteuning van de visie van de ondernemer met behulp van degelijk feitenmateriaal verkleint de risico's van de beslissing.

In zekere zin pleegt elke verkoper marktonderzoek, daar hij zijn ervaringen verwerkt in een subjectief getint marktbeeld. Dit soort marktonderzoek valt echter buiten het begrip marktonderzoek dat hier wordt gehanteerd. Wij spreken pas van een marktonderzoek, indien de gehele procedure van het onderzoek aan een aantal voorwaarden voldoet, waardoor de objectiviteit van het onderzoek vaststaat.

De eerste voorwaarde is dat de objectiviteit van de onderzoeker gewaarborgd moet zijn. Het feit dat verkopers vaak emotioneel en financieel betrokken zijn bij de gebeurtenissen op de verkoopmarkt, maakt hen als marktonderzoekers minder geschikt. Hun ervaringen kunnen van veel belang zijn voor een onderzoek, maar alleen nadat zij zorgvuldig zijn afgewogen tegen de uit andere bronnen verkregen kennis. Men loopt anders de kans een eenzijdig of gekleurd beeld te verkrijgen. Het is derhalve noodzakelijk dat de marktonderzoeker geen belang heeft bij de uitkomst van zijn onderzoek.

Een tweede voorwaarde betreft de wijze van meting, welke in het onderzoek is toegepast. Voor een goed onderzoek moet men een zo nauwkeurig mogelijke meting van het te onderzoeken verschijnsel uitvoeren. Verder is vereist dat de methode voor herhaling vatbaar is, zodat controle van het resultaat door anderen mogelijk is. Het behoeft geen betoog dat een schatting van het aantal consumptiehuishoudingen dat een bepaald product in de afgelopen maand heeft gekocht op allerlei manieren kan plaatsvinden. Meestal moet de onderzoeker bij het onderzoek binnen het raam van een zeker kostenbedrag blijven, terwijl vaak ook de termijn, waarbinnen het resultaat van het onderzoek beschikbaar moet zijn, beperkt is. Binnen deze begrenzingen moet een meetmethode worden gekozen die de beste resultaten oplevert.

Als laatste voorwaarde moet worden genoemd de volledigheid van het onderzoek. Er moet zekerheid bestaan dat alle gegevens en onderzoeksmethodieken, welke bij de oplossing gebruikt worden, ook daadwerkelijk in het onderzoek zijn betrokken. Het kan gebeuren dat bepaalde informatiebronnen door de onderzoeker over het hoofd zijn gezien. Bij het onderzoek van de export van een bepaald product naar een land blijkt dat in de uitvoerstatistiek dit artikel is opgenomen in een zeer grote verzamel-post. Men moet dan in de invoerstatistiek van het andere land nagaan of daarin wel gedetailleerde cijfers voorkomen of eventueel het betreffende statistische bureau benaderen. Wanneer, ook weer binnen de gestelde kosten- en tijdgrenzen, alle wegen en middelen zijn aangewend voor het verkrijgen van informatie kan men pas spreken van een volledig onderzoek. Bij deze laatste voorwaarde behoort ook dat gebruik wordt gemaakt van de meest geschikte onderzoekstechniek voor het op te lossen probleem. Het aantal methodieken dat in het marktonderzoek wordt toegepast, is steeds groter geworden. Voor een belangrijk deel worden deze ontleend aan wetenschappen zoals psychologie, sociologie, economie en statistiek. Door de informatietechnologie goed te benutten komen gegevens sneller beschikbaar, terwijl ook een nauwkeuriger beeld ontstaat van het gedrag van de consumenten. Tegenwoordig is ook op het terrein van het marktonderzoek aan specialisatie niet meer te ontkomen, zodat men onderzoekers kent die zich specialiseren op psychologisch marktonderzoek, anderen die zich bezighouden met opiniepeilingen en nog weer anderen die zich beperken tot het industriële-marktonderzoek. Uit het bovenstaande vloeit voort dat de gekozen onderzoeksmethodiek voor een belangrijk deel de betekenis van het resultaat van het onderzoek bepaalt. De keuze van een bepaalde methodiek moet in overleg met deskundigen geschieden, die ook over grote kennis op het terrein van de informatietechnologie beschikken.

Het is gewenst het marktonderzoek in een aantal fasen in te delen die worden doorlopen, zodat het onderzoek aan eisen van objectiviteit en volledigheid voldoet. Het is mogelijk dat sommige fasen in bepaalde onderzoekingen worden overgeslagen of dat zelfs bepaalde delen van een onderzoek achterwege blijven. Zo komt het voor, dat na een eerste bestudering van het beschikbare cijfermateriaal al betrouwbare conclusies worden getrokken, zodat diepgaander onderzoek niet nodig is. De verschillende fasen van het marktonderzoek zijn: de formulering van het probleem, het vaststellen van de bronnen van informatie, het ontwikkelen en eventueel testen van een onderzoekstechniek, het verzamelen van gegevens, het controleren en analyseren van de gegevens en het rapporteren.

Wil het marktonderzoek een positieve bijdrage leveren tot een goede beslissing dan dient het probleem en de daaruit resulterende onderzoeksopdracht duidelijk omschreven te zijn. Is dit niet het geval dan loopt het marktonderzoek vaak uit op teleurstellingen, omdat de geleverde cijfers en de daarop gebaseerde conclusies niet aansluiten bij de vragen van de opdrachtgever. Niet alleen de opdrachtgever heeft een verantwoordelijkheid ten aanzien van de omschrijving, ook de marktonderzoeker moet zelf alles in het werk stellen om te komen tot een duidelijke formulering. Het is daarom van veel belang, dat de onderzoeker op de hoogte is van de achtergronden van het te onderzoeken probleem en dat hij daarom in een vroeg stadium actief bij de formulering van het probleem wordt betrokken. Hij is dan in staat suggesties te doen die de probleemstelling en daardoor ook het eindresultaat verbeteren. Het is trouwens een bekend feit dat het goed en helder formuleren van de vraagstelling een lastige zaak is. Een voorbeeld kan dit verduidelijken. Een opdrachtgever die wasmiddelen verkoopt, is geïnteresseerd in het aantal m^2 winkelruimte per detaillist. Bij nader overleg met de onderzoeker blijkt dat de opdrachtgever niet denkt aan alle detaillisten, maar dat het slechts gaat over de winkelruimte van zelfbedieningszaken in een bepaald gedeelte van het land. Hij is van plan een nieuw artikel op de markt te brengen dat speciaal geschikt is voor dit soort winkels, terwijl hij, gezien de hoge transportkosten, voorshands niet van plan is deze producten op nationale schaal te gaan distribueren. Een dergelijke gang van zaken komt vaak voor. Marktonderzoekers worden regelmatig benaderd met het verzoek een bepaald onderzoek te verrichten. Een nadere precisering van de vragen levert betere resultaten op en leidt tot een kostenbesparing.

De gestelde vragen vallen vaak in een van de volgende categorieën:

A Een beschrijving

Dit soort vragen betreft een beschrijving van de marktstructuur en de marktontwikkeling. Het gaat hierbij om het aantal verbruikers, de kenmerken van deze personen, de structuur van het aanbod, de reclame-uitgaven van concurrenten en soortgelijke gegevens.

B *De toetsing van hypothesen*

Deze groep van vragen leidt tot lastige, maar ook belangrijke discussies. Als voorbeeld kan men hierbij denken aan de vraag of adverteren in kranten betere resultaten oplevert dan het huis-aan-huis verspreiden van folders, dan wel of verkoop tegen een prijs van 0,90 euro een hogere kwantitatieve omzet oplevert dan een prijs van 1,10 euro met gelijktijdige verstrekking van een aardig consumentenpremium. Deze vragen kan men trachten op te lossen door 'nacalculaties' uit het verleden of door het doen van experimenten, zoals het organiseren van proefmarkten.

C *Het voorspellen*

De marktonderzoeker spreekt zich ook uit over toekomstige ontwikkelingen. Vooral marktonderzoekers in ondernemingen leveren bij het opstellen van begrotingen en langetermijnplannen voorspellingen over de verwachte omzetgroei of de marktontwikkeling. Bij het voorspellen kan men gebruikmaken van allerlei technieken, die variëren van het uitgebreide econometrische onderzoek tot het eenvoudig doortrekken van de huidige ontwikkeling (de extrapolatie). In alle gevallen is het noodzakelijk, gezien het feit dat economische groootheden vaak zeer moeilijk te voorspellen zijn, dat de marktonderzoeker een zeer goede en omvangrijke kennis van de markt heeft, want anders komt hij niet tot aanvaardbare resultaten.

Nadat de vragen duidelijk zijn geformuleerd, is de eerste zorg van de onderzoeker, waar hij aanknopingspunten kan vinden. In eerste instantie tracht hij cijfermateriaal te vinden dat verzameld is voor andere doeleinden, maar dat toch inzicht geeft in het probleem dat hij moet onderzoeken. Deze zogenaamde secundaire gegevens treft men vaak in officiële statistische publicaties aan, in publicaties van semi-overheidslichamen en in tijdschriften van allerlei aard. Is dit secundaire materiaal niet aanwezig, dan verzamelt de onderzoeker zelf zijn gegevens. Deze gegevens worden het primaire-cijfermateriaal genoemd. Heel vaak zal de verzamelingsmethode een enquête zijn, maar ook andere methoden zijn denkbaar. Indien wordt beslist dat primaire gegevens nodig zijn, dan wordt nog bekeken op welke wijze dit zal geschieden, want ook al besluit men tot het houden van een enquête, er zijn nog zo veel methoden om dit te doen, dat een verantwoorde keuze een zorgvuldige overweging vergt. Dit gebeurt in de volgende fase.

Indien een marketingbeslissing wordt genomen over de wijze van verpakken van een bepaald product, benadert men niet alle consumenten met vragen over hun mening ten aanzien van de verpakking. Een dergelijke ondervraging wordt zeer omvangrijk en duur en daardoor onuitvoerbaar. De bewerking van de gegevens en de analyse vergen, zelfs indien computers worden ingeschakeld, nog zo veel tijd, dat de resultaten veel te laat beschikbaar komen. Er moet worden gezocht naar andere methodieken, die sneller en eenvoudiger goede informatie opleveren. Een van de bekendste methoden is de steekproefsgewijze ondervraging of enquête.

Het houden van een enquête vereist zorgvuldige voorbereiding, omdat men, zonder alle consumenten te ondervragen, toch uitspraken over de gehele groep van consumenten wil doen. Daarnaast is het stellen van duidelijke vragen een kwestie die minder eenvoudig is dan op het eerste gezicht lijkt. De eerste problemen die opgelost moeten worden hebben betrekking op de wijze van trekken van de steekproef en het aantal personen dat wordt ondervraagd. Dit zijn statistische problemen, die hier verder buiten beschouwing blijven. Daarnaast dient te worden vastgesteld welke vragen worden gesteld en in welke volgorde. Veel enquêteurs en enquêtrices zijn in het gehele land op weg en stellen hun vragen. Voor een goede gang van zaken is het vereist dat zij instructies ontvangen en tijdens de enquête regelmatig worden gecontroleerd. De organisatie hiervan dient goed te worden overwogen.

Voordat een enquête wordt uitgevoerd moet de geschiktheid van de vragenlijst worden gecontroleerd. Een proefenquête van geringe omvang wordt uitgevoerd, waarbij onduidelijkheden in vraagstelling naar voren komen, zodat voordat de eigenlijke enquête begint, nog correcties kunnen worden aangebracht.

Wanneer alle organisatorische maatregelen zijn getroffen en de vragenlijst aan zijn doel beantwoordt, kan de enquête starten. Als het een mondelinge enquête betreft voeren de enquêteurs hun vraaggesprekken, vullen zij de enquêteformulieren volgens de voorschriften in en retourneren deze aan het hoofdkantoor.

Als men echter voldoende secundair materiaal beschikbaar heeft, kan men in deze bronnen de noodzakelijke gegevens opsporen. Deze vorm van onderzoek wordt desk research genoemd, omdat het veelal bestaat uit bureauwerk, het raadplegen van statistieken en andere documentatie.

Wanneer bij een primair onderzoek alle lijsten zijn teruggekomen of wanneer bij een secundair onderzoek alle gegevens zijn verzameld, dient een controle op juistheid en volledigheid te worden toegepast. De enquêteformulieren moeten juist en volledig zijn ingevuld. Soms staan er onjuistheden in de enquêteformulieren, die worden veroorzaakt door slordige invulling en onjuiste beantwoording. Vaak is dit na bestudering van de enquêteformulieren direct duidelijk.

Het komt voor dat de ontwerpers van vragenlijsten controlevragen op belangrijke punten inlassen, waardoor onjuistheden direct worden gesignaleerd. Dikwijls treft men op invulformulieren een vraag aan inzake de geboortedatum, terwijl ook een vraag is opgenomen over de leeftijd van de geïnterviewde.

Tegenwoordig verlopen de bewerking en analyse van de gegevens uit de enquête, vooral bij omvangrijke onderzoekingen, vrijwel volledig geautomatiseerd. De individuele vragenlijsten worden in een database ingevoerd en verder verwerkt, waarna statistische berekeningen worden uitgevoerd.

Bij de opzet van het enquêteformulier moet met een computerverwerking al rekening zijn gehouden, waaruit nogmaals het belang blijkt van een goede voorbereidingsfase.

Vervolgens zal de onderzoeker de uitkomsten nader bestuderen en vergelijken met de gestelde vragen om door diepgaande analyses een beter inzicht te verwerven.

De bevindingen van de onderzoeker worden meegedeeld aan de opdrachtgever. Veelal gebeurt dit schriftelijk. Zoals voor elk rapport geldt ook hier dat dit in duidelijke en goed leesbare vorm moet geschieden. Het samenstellen van duidelijke en begrijpelijke tabellen en grafieken is een zeer voornaam onderdeel van het rapporteren. Het succes van een marktonderzoek hangt in sterke mate af van de wijze waarop de onderzoeker de conclusie presenteert.

Het verzamelen van gegevens

Zoals wij hebben gezien, bestaat een belangrijk deel van het marktonderzoek uit het verzamelen van gegevens. Ook hebben wij het onderscheid tussen primaire en secundaire gegevens toegelicht. Secundaire gegevens worden ontleend aan onderzoekingen van andere personen of instituten en dit betekent dat zij verzameld zijn voor andere probleemstellingen dan waarvoor de marktonderzoeker thans wordt gesteld. Primaire gegevens worden speciaal met het oog op een bepaald onderzoek verzameld. Hierdoor verkrijgt men de zekerheid dat de verkregen cijfers van een zodanige aard zijn, dat zij geschikt zijn voor het marktonderzoek.

Het verzamelen van gegevens geschiedt met het oog op de toetsing van een hypothese of de beschrijving van een marktstructuur. Wanneer men een hypothese wil toetsen, wordt soms een experiment uitgevoerd. Als men wil bepalen aan welke kleur verpakking de consumenten de voorkeur geven, biedt men in een aantal winkels verschillend gekleurde verpakkingen van hetzelfde product ten verkoop aan. Indien de prijs en alle overige eigenschappen van het product in de ogen van de consument identiek zijn, blijkt uit de verhoudingen van de omzetten de preferentie van de consumenten.

Een andere mogelijkheid is een groep consumenten de verschillend gekleurde verpakkingen voor te leggen en hun de vraag te stellen welke kleur zij zouden kopen. Beide methoden leveren lang niet altijd dezelfde resultaten op. Bij de eerste methode wordt rechtstreeks waargenomen zonder dat de proefpersonen weten dat zij bij een experiment zijn betrokken. In het tweede geval, de traditionele enquête, is dit juist niet het geval, hetgeen een vertekening van de resultaten teweeg kan brengen. Het is ook mogelijk een experiment met een enquête te combineren.

Zeer veel informatie over markten, producten en goederenstromen is voorhanden in officiële statistische publicaties. Voor Nederland denkt men hierbij natuurlijk aan de publicaties van het CBS, maar ook andere landen beschikken over dergelijke statistische bureaus, die zeer waardevol cijfermateriaal publiceren. Niet alleen van overheidswege gepubliceerd materiaal is bruikbaar, ook mededelingen van bedrijfs- en beroepsverenigingen, Kamers van Koophandel, jaarverslagen van ondernemingen en adresboeken bevatten vaak nuttige gegevens. Tegenwoordig zijn al deze gegevens op internet beschikbaar waardoor de desk research met aanzienlijk lagere transactiekosten gepaard gaat.

Het is een goede gewoonte na te gaan of er cijfermateriaal beschikbaar is en in hoeverre dit gebruikt kan worden. Naast het ondernemen van een zoektocht op internet kan men zich wenden tot de Economische Voorlichtingsdienst in 's-Gravenhage, omdat men daar in de uitgebreide documentatie een beginpunt vindt voor dit soort literatuuronderzoek. Raadpleging op het te onderzoeken terrein van deskundige personen werpt vruchten af. Niet alleen komt men literatuur en andere bronnen van gegevens op het spoor door adviezen van deskundigen in te winnen, ook veel feitelijke gegevens of nieuwe inzichten zijn het resultaat van dergelijke gesprekken.

Het opsporen van secundaire gegevens bestaat voor een deel uit literatuuronderzoek dat achter het bureau plaatsvindt. Hoewel hiervan minder glans uitgaat dan van de andere spectaculaire onderdelen van het marktonderzoek, is het geen eenvoudige aangelegenheid. Er wordt van de onderzoeker een zeer zorgvuldig onderzoek geëist van bronnen en gegevens.

De instantie die de gegevens heeft verzameld, maakt vaak gebruik van indelingen en classificaties die niet aansluiten bij de voor het eigen onderzoek gewenste indelingen. De publicaties van het CBS van productiecijfers zijn lang niet altijd voldoende gedetailleerd. De gepubliceerde cijfers zijn niet altijd volledig, zodat men over een zeer goede kennis moet beschikken van wat wel en wat niet in het oorspronkelijke onderzoek is begrepen. In het voorbeeld van de productiecijfers worden meestal alleen maar gegevens verwerkt van ondernemingen met een zekere omvang. In dat geval zijn deze cijfers voor een marktonderzoeker die de totale productie wil bepalen, slechts van beperkte betekenis indien bekend is dat de kleine ondernemingen een groot aandeel hebben in de totale productie. De betrouwbaarheid en de nauwkeurigheid van de cijfers worden lang niet altijd in de publicaties vermeld. Wanneer de cijfers verkregen zijn uit steekproeven, moet men er rekening mee houden dat de resultaten kunnen afwijken van een integrale telling. Indien mededelingen hierover in een rapport ontbreken, worden de nodige voorzorgsmaatregelen in acht genomen bij het trekken van conclusies. Het is trouwens toch altijd noodzakelijk bij de bestudering van secundaire gegevens deze zorgvuldig te vergelijken met de reeds bestaande kennis en andere gegevens, zodat men onjuistheden tijdig op het spoor komt. De bronnen van de gegevens liggen meestal niet voor de hand en er zal daarom veel speurzin en volharding nodig zijn om de bronnen op te sporen. Een andere bron van secundaire gegevens wordt gevormd door de verkoopgegevens van een onderneming. Een analyse van deze cijfers werkt zeer verhelderend en kan leiden tot wijzigingen in het marketingbeleid.

Het mondeling enquêteren wordt nog steeds zeer veel toegepast in het marktonderzoek. Daarom besteden wij vooral aandacht aan deze vorm van enquêteren. De opmerkingen gelden trouwens evenzeer voor schriftelijke of telefonische enquêtes. Bij ondervraging op grote schaal wordt vooral gebruikgemaakt van star gestructureerde vragenlijsten. Hierdoor wordt bereikt dat elke proefpersoon wordt benaderd met gelijkluidende vragen in dezelfde volgorde, zodat het onderzoek een redelijke mate van uniformiteit verkrijgt. Bij kleinere, in het bijzonder psychologisch gerichte onderzoekingen wordt ook wel gewerkt met een minder vaststaande lijst van vragen. Het doel is het opsporen van belangrijke psychologische achtergronden, die in een later te houden groot onderzoek nader worden bestudeerd en onderzocht. Dit onderdeel van het marktonderzoek is gespecialiseerd psychologisch vakwerk.

Het samenstellen van een gestructureerde vragenlijst is een gewichtig onderdeel van het onderzoek, want het gaat hier om het kritieke stadium: de verzameling van primaire gegevens. De opstelling van vragen wordt door sommige deskundigen beschreven als een kunst, omdat er geen regels bestaan die automatisch leiden tot een goed gestructureerde vragenlijst met goede vragen. Het is zelfs zo dat een bepaalde volgorde de antwoorden van de ondervraagden in een verkeerde richting stuurt. Toch zijn er wel enkele punten aan te geven, waarop men bij de beoordeling van vragen en vragenlijsten moet letten.

Op de vragen moet een eenduidig antwoord worden gegeven. Op de vraag 'Denkt u dat boenwas A uw parketvloer helderder doet schijnen, zonder dat het gevaar voor uitglijden erdoor wordt vergroot?' is geen eenduidig antwoord mogelijk. Het antwoord 'neen' is niet te begrijpen. Denkbaar is dat de ondervraagde van mening is dat de boenwas de parketvloer niet helderder laat schijnen of dat het gevaar voor uitglijden wordt vergroot, terwijl het antwoord ook kan inhouden dat de parketvloer niet helderder gaat schijnen en dat bovendien het gevaar voor uitglijden wordt vergroot. Dergelijke vragen moeten worden vermeden. Zij moeten worden gesplitst in twee afzonderlijke vragen.

De ondervraagde moet in staat zijn de gevraagde informatie te verschaffen. Op de vraag 'Is een zijden japon in het dragen warmer of kouder dan een broekpak?' kan een ondervraagde die een van beide nooit heeft gedragen niet antwoorden. Daarom moet in eerdere vragen worden uitgemaakt of de ondervraagde draagster is geweest van deze kleding.

Men dient er rekening mee te houden dat de geënquêteerden op sommige vragen geen antwoord willen geven. Het is een bekend feit dat ondervraagden op zeer persoonlijke vragen, zoals vragen naar inkomen, niet willen antwoorden of dat zij onjuiste antwoorden geven. Een techniek om dergelijke situaties te vermijden, is het afleiden van de inkomens- of welstandsklasse van de ondervraagden uit uiterlijke kenmerken, zoals het bezit van een magnetron, een laptop en een auto in een bepaalde prijsklasse. Vele marktonderzoekbureaus hebben hiervoor standaardindelingen ontwikkeld, waarmee men op vrij nauwkeurige wijze de welstandsklasse bepaalt.

Dubbelzinnige en zogenaamde 'leading' vragen dienen te worden vermeden. De vraag 'Welk merk benzine gebruikt u regelmatig?' is dubbelzinnig omdat de ondervraagde niet weet wat onder 'regelmatig' wordt verstaan. Evenmin is het aanbevelenswaardig te vragen of men merk A gebruikt. De proefpersonen nemen vaak aan dat de fabrikant van merk A de organisator van het onderzoek is en zij willen hem ter wille zijn door het geven van een positief antwoord. Het dubbelzinnige in de eerste vraag verdwijnt, wanneer men vraagt naar het merk dat de ondervraagde de laatste keer heeft getankt, want aangenomen mag worden dat dit merk regelmatig wordt gebruikt. Het tweede geval wordt opgelost door de proefpersoon te laten kiezen uit een reeks merknamen.

Bij open vragen geven de ondervraagden in eigen bewoordingen een antwoord. Op de vraag waarop men let bij het kopen van kleding, variëren de antwoorden van mode, kleur, afwerking tot prijs en merk. Met een open vraag wordt de beantwoording niet in een bepaalde richting geleid en verkrijgt men een grote schat van antwoorden. Het is niet eenvoudig voor de ondervrager de antwoorden goed vast te leggen. Bovendien komt het voor dat hij bepaalde antwoorden niet noteert, omdat hij die niet belangrijk acht, terwijl juist deze antwoorden van 'uitzonderlijk belang' zijn. De classificatie en de tabellering van de antwoorden is evenmin eenvoudig bij open vragen. De veelheid en genuanceerdheid van de antwoorden laten geen eenvoudige indeling toe, waardoor de analyse lastig is.

Bij multiple choice- en dichotome-vragen heeft de ondervraagde de keuze tussen twee of meer mogelijkheden, zoals in onderstaand voorbeeld:

'Denkt u dat voor merk A meer, evenveel of minder reclame wordt gemaakt dan voor merk B?'

Antwoorden:
- meer
- minder
- evenveel
- weet niet.

Het voordeel van dit soort vragen is de eenvoudige notatie van de antwoorden en de gemakkelijke wijze van verwerking van de antwoorden. Bij de open vragen worden de antwoorden eerst in bepaalde groepen ingedeeld alvorens men tabellen kan maken. Bij de multiple choice-vragen is dit niet nodig.

Men kan ook vragen tegenkomen, waarbij uit alternatieven kan worden gekozen. Bij de vraag, welke uitspraken van toepassing zijn op de service van een bepaalde winkel laat men kiezen uit de volgende lijst:

- correcte bediening
- de keuze is groot
- het personeel is vriendelijk
- men mag ruilen
- men bezorgt thuis.

Wanneer de ondervraagde geen passend antwoord weet, is het raadzaam de mogelijkheid open te laten dat tot uitdrukking te brengen, want anders verkrijgt men geforceerde antwoorden.

Een vragenlijst wordt, alvorens het eigenlijke onderzoek begint, eerst getoetst in een steekproefonderzoek. De onduidelijke vragen worden nog bijgeschaafd en men verkrijgt hierdoor een inzicht in de reacties van de geënquêteerden op de vragen. Dit is van belang voor de instructie van het ondervragerscorps. Voor het verkrijgen van een juiste en uniforme invulling van de enquêteformulieren is een instructie vereist, waarbij alle ondervragers de uitleg van de vragen en de daarin gebruikte termen wordt gegeven. Heeft men van tevoren reeds ervaring opgedaan, dan worden de enquêteurs hierover ingelicht en reageren zij in soortgelijke situaties op identieke wijze. Bij standaardonderzoekingen vindt de instructie veelal schriftelijk plaats, maar bij belangrijke, grote onderzoekingen geschiedt dit mondeling.

Het marktonderzoeksbureau

Wanneer de secundaire gegevens van de desk research niet leiden tot definitieve conclusies is men gedwongen zelf de gegevens te verzamelen of te laten verzamelen. Wanneer men besluit tot het houden van een enquête betekent dit niet dat de marktonderzoeker de volledige opzet en organisatie van het primaire onderzoek ter hand neemt. Een aantal grote ondernemingen beschikt over een eigen marktonderzoeksapparaat zodat deze ondernemingen het onderzoek in eigen beheer kunnen uitvoeren. Het merendeel van de marktonderzoekers wendt zich met de probleemstelling tot een van de gevestigde marktonderzoeksbureaus en regelt met deze instellingen de opzet en organisatie. De diensten die deze bureaus aanbieden zijn zeer gevarieerd.

De bureaus bieden vaak enquêtes aan op coöperatieve basis. Bij dit systeem wordt frequent – maandelijks – een steekproef van consumenten ondervraagd. De vragen worden door de deelnemers aan het onderzoek opgesteld en liggen op uiteenlopend terrein. Het kan gebeuren dat een aantal vragen over het gebruik van boterhambeleg volgt op de vraag of men in de vorige maand autopoetsmiddelen heeft aangeschaft. Wanneer het aantal deelnemers groot is en elk maar een klein aantal vragen stelt, kan de verscheidenheid zeer groot zijn. Het aantrekkelijke van dit systeem ligt in de snelheid, waarmee enquêtes worden gehouden en de betrekkelijke geringe financiële offers in vergelijking met een individueel onderzoek. Als nadeel kan worden genoemd de betrekkelijke starre organisatie van het coöperatieve systeem, want met bijzondere, individuele wensen wordt nauwelijks rekening gehouden. Wanneer men alleen geïnteresseerd is in antwoorden van huiseigenaren, is dit systeem niet geschikt.

Een ander systeem wordt door marktonderzoeksbureaus op abonnementsbasis uitgevoerd. Het betreft hier altijd vaste onderzoekstechnieken, die als specialiteit worden aangeboden. Het Nielsen-onderzoek is hiervan een bekend voorbeeld. Het marktonderzoeksbureau Nielsen houdt een continu onderzoek naar de detailverkopen van bepaalde artikelen, veelal kruidenierswaren. De gegevens worden bij de winkels op steekproefbasis verzameld. De verkopen worden vastgesteld door voorraadopname en het tellen van inkoopfacturen. Uit de gegevens stelt het bureau een speciaal rapport samen voor de abonnee. Dit rapport heeft betrekking op de verkopen van de door hem aangewezen artikelen, zodat de ontwikkeling van de marktaandelen gevolgd wordt. Voorts bevatten deze rapporten nog andere belangrijke informatie, zoals indelingen van de verkopen naar soort winkel, district en de distributie van een bepaald merk. Dit laatste is het percentage van het aantal winkels dat het betreffende merk verkoopt.

Panelonderzoekingen houden een onderzoek naar huishoudelijke uitgaven in. Het bureau kiest uit de Nederlandse bevolking een groep consumptiehuishoudingen, die qua samenstelling een verkleinde afspiegeling vormt van de samenstelling van de gehele bevolking. Met deze consumptiehuishoudingen wordt overeengekomen dat zij hun huishoudelijke uitgaven gedetailleerd administreren in een door het bureau verstrekt huishoudboek. Periodiek zenden de consumptiehuishoudingen hun huishoudboek in en het marktonderzoeksbureau kan dan totaaltellingen en analyses maken. Het panelonderzoek is een continu onderzoek, zodat ontwikkelingen en verschuivingen gesignaleerd worden, de merkentrouw, de aankoopfrequentie en de mogelijke invloed van reclameacties en andere promotionele activiteiten. Een van de grootste problemen, waarvoor de beheerder van een panel staat, is de zorg voor de representativiteit. In de loop van de tijd vallen consumptieve huishoudingen af als gevolg van verminderde interesse, verhuizing of andere redenen. Hun plaatsen worden ingenomen door andere vergelijkbare consumenten. Het vinden hiervan levert problemen op. In de tweede plaats leidt het geforceerd bijhouden van een huishoudboek tot een ander bestedingspatroon, omdat de consument thans de uitgaven kritischer beziet dan voor die tijd. Het uitgavenpatroon verandert hierdoor en past niet meer in de structuur van het panel. Deze verandering in het uitgavenpatroon wordt veroorzaakt door een vergrote efficiëntie in het uitgavenbeleid of door statusoverwegingen.

Soms gebruikt men het panel ook wel voor andere onderzoekingen, zoals het testen van producten. De deelnemers aan het panel ontvangen een aantal vergelijkbare producten en beantwoorden op het meegestuurde enquêteformulier een aantal vragen over deze producten. Deze methode is vergelijkbaar met een normale enquête. Bij een panelonderzoek wordt alles schriftelijk afgewerkt en heeft men dus geen ondervragersapparaat nodig.

Andere marktonderzoeksbureaus zijn gespecialiseerd in reclameonderzoek volgens een vaste methodiek. Meestal wordt aan lezers van een dagblad of een periodiek of aan televisiekijkers de vraag voorgelegd of zij zich een bepaalde advertentie dan wel reclamespot herinneren. Men spreekt van 'geholpen herinnering' wanneer wordt gevraagd of men zich de advertentie van adverteerder A in een bepaalde editie van dagblad of periodiek herinnert. Volgt een bevestigend antwoord, dan worden nog enkele vragen gesteld over de invloed van de betreffende advertentie.

Ten slotte bieden marktonderzoeksbureaus naast hun kennis van zeer specifieke technieken ook hun kennis van het marktonderzoek in het algemeen aan. De marktonderzoeker, die een bepaald probleem moet oplossen, bespreekt de doelstelling met de deskundigen van het bureau, stelt met hen de vragenlijsten samen, pleegt overleg over de steekproefmethode en over andere aspecten die voor het onderzoek van belang zijn. Het marktonderzoeksbureau neemt op zich een rapport uit te brengen aan de opdrachtgever, waarin de cijfers overzichtelijk zijn gegroepeerd, de methode van het onderzoek wordt besproken en de resultaten van commentaar worden voorzien.

Het experiment

Economische problemen worden meestal niet opgelost door het houden van experimenten. Een experiment bestaat in zijn eenvoudigste vorm uit het variëren van een factor, terwijl alle overige condities en omstandigheden constant worden gehouden. De resultaten van het experiment zijn toe te schrijven aan de invloed van de variaties in deze factor. Het natuurwetenschappelijk onderzoek is veel beter in staat de overige omstandigheden constant te houden in een laboratorium dan de economische wetenschap.

Toch gaat de moderne ontwikkeling van het marktonderzoek in de richting van het experiment, daarbij gesteund door de mogelijkheden van de informatica en door statistische technieken. Bij het marktonderzoek zijn kleine onderdelen van de volkshuishouding betrokken en daardoor is het mogelijk bepaalde omstandigheden te controleren en andere storende invloeden uit de resultaten te verwijderen. Bij het onderzoek naar de effectiviteit van reclamecampagnes wil men graag weten of de merkbekendheid als gevolg van de campagne is toegenomen. Hiertoe kan men een experiment opzetten. Allereerst moet de merkbekendheid voor de reclamecampagne start, bekend zijn, anders ontbreekt een uitgangspunt ten opzichte waarvan de toeneming van de merkbekendheid wordt gemeten. Na afloop van de campagne moet opnieuw een meting worden uitgevoerd en wordt in principe een berekening gemaakt van de vergroting van de merkbekendheid. Hoewel dit een eenvoudig experiment is, treden allerlei storingen op, waardoor het resultaat van het experiment een onjuist beeld geeft.

Neem aan dat men de twee metingen uitvoert bij dezelfde groep personen, met andere woorden, de steekproef bestaat beide keren uit dezelfde personen. Het komt voor dat de eerste meting bij de proefpersonen belangstelling heeft gewekt voor de producten waarover bij de meting is gesproken. De merkbekendheid neemt daardoor toe, zodat bij een eenvoudige vergelijking van merkbekendheid voor en na de reclamecampagne de werkelijke groei ten gevolge van de reclamecampagne wordt overschat. Een andere bron van vertekening kan gelegen zijn in de ontwikkelingen op de markt. Een concurrent kan in dezelfde tijd meer kortingen gaan verstrekken op het concurrerende product, waardoor de aandacht van de consumenten zeer sterk gefixeerd is op dat product. Het effect van de reclamecampagne valt daardoor niet meer te meten, tenzij men zorgt voor een proefopzet die resultaten oplevert waaruit dergelijke storende elementen worden verwijderd. Hierbij kan men denken aan een opzet waarbij de groep I van consumenten wordt blootgesteld aan de reclamecampagnes en groep II niet.

Merkbekendheid

Voor de campagne	Na de campagne
Groep I: X_1	Groep I: X_2
Groep II: Y_1	Groep II: Y_2

Door middel van een enquête wordt de merkbekendheid voor en na de campagne gemeten. Men moet er natuurlijk voor zorgen dat beide groepen van overeenkomstige samenstelling zijn, anders voldoet men niet aan de eis dat de omstandigheden vergelijkbaar zijn.

De toeneming van de merkbekendheid als gevolg van de reclamecampagne verloopt als volgt:

1 Totale invloed van reclame, marktontwikkelingen en van de ondervraging $(X_2 - X_1)$
2 Invloed van marktontwikkelingen en ondervraging $(Y_2 - Y_1)$
3 Resultaat van de reclame $(X_2 - X_1) - (Y_2 - Y_1)$

Deze proefopzet vereist dat men de groep die wordt blootgesteld aan de reclame en de andere groep, de zogenaamde controlegroep, vooraf ondervraagt. Vooral uit het oogpunt van kosten laat men de ondervraging vooraf van de controlegroep achterwege en verkrijgt dan de volgende opzet:

Merkbekendheid

Voor de campagne	Na de campagne
Groep I: X_1	Groep I: X_2
Groep II: Y_1	Groep II: Y_2

De berekening van het reclameresultaat verloopt nu op een iets andere wijze:

1 Totale invloed van reclame en marktontwikkeling $(X_2 - X_1)$
2 Invloed van marktontwikkeling $(Y_2 - X_1)$
3 Resultaat van de reclame $(X_2 - Y_2)$

Bij deze eenvoudige opzet is aangenomen dat beide groepen vóór de reclamecampagne dezelfde merkbekendheid bezaten. Ondanks het feit dat beide groepen van dezelfde samenstelling zijn, behoeft dit niet juist te zijn. Verschillen die veroorzaakt worden door het ondervragen worden bij de eenvoudige opzet niet verwijderd, zodat deze methode alleen aanvaardbaar is indien men aanneemt dat van het ondervragen geen invloed uitgaat. Zowel bij de eerste als bij de tweede proefopzet is verondersteld dat beide groepen op dezelfde manier door de marktontwikkelingen worden beïnvloed. Een voordeel van de eerste proefopzet is voorts dat men een schatting (Y_2-Y_1) verkrijgt van de invloed van de te verwijderen veranderingen. In sommige gevallen is het nuttig hiervan analyses te maken. Zo komt het voor dat personen met een hoog inkomen anders reageren op de marktontwikkelingen dan personen met een laag inkomen. In het vragenformulier moet natuurlijk wel rekening zijn gehouden met het classificeren van de ondervraagden naar inkomen.

De uitkomsten van een experiment en de conclusies die hieruit worden getrokken, gelden alleen maar op korte termijn. De invloed van de reclame op lange termijn is naar alle waarschijnlijkheid geheel verschillend van de resultaten van het beschreven experiment. Indien de reclamecampagne niet regelmatig wordt herhaald, bestaat de mogelijkheid dat de merkbekendheid weer achteruitloopt. Een beslissing over de marketing op lange termijn kan niet worden gebaseerd op een enkel experiment.

Een zeer voor de hand liggend experiment is de zogenaamde proef- of testmarkt. Een nieuw product kan men in een beperkt gebied ten verkoop aanbieden. De verkoopresultaten geven een indicatie van de levensvatbaarheid van het nieuwe product. Een bezwaar dat aan de proefmarkt is verbonden ligt in het feit dat concurrenten op het spoor van de nieuwe producten komen en tijdig tegenmaatregelen treffen. Een landelijke introductie van het nieuwe artikel geschiedt onder moeilijker omstandigheden dan anders het geval is.

Betrekkingen en verbanden

Het werk van de marktonderzoeker bestaat niet alleen uit het verkrijgen van gegevens. Hoewel dit natuurlijk een voornaam onderdeel van zijn werk vormt, is het verklaren en analyseren van de waargenomen verschijnselen nog veel belangrijker. De taak van de marktonderzoeker is pas afgelopen, wanneer hij in welke vorm dan ook de betrekkingen tussen de verschillende waargenomen grootheden aangeeft.

In de meeste vragen van een enquête wordt terdege rekening gehouden met de toekomstige analyses. Wanneer men door middel van een enquête te weten wil komen of het tv-kijken samenhangt met het opleidingsniveau, dan zullen in de enquête vragen over bepaalde onderwerpen worden ingelast. In het rapport kan de volgende tabel zijn opgenomen.

Tabel 4

Genoten dagonderwijs	Aantal uren tv-kijken per week gemiddeld
Basisonderwijs	20,1
Lager Beroepsonderwijs	18,9
Voortgezet onderwijs	16,5
Universiteit	13,9

Uit deze tabel leidt men de hypothese af dat naarmate het onderwijsniveau hoger wordt, het tv-kijken afneemt. Hierdoor heeft men een verband in een kwantitatieve formulering gegoten. In sommige gevallen is het zeer nuttig verbanden in kwantitatieve vorm te beschrijven. Wanneer men een formule heeft vastgesteld gebruikt men die voor het maken van voorspellingen of het berekenen van de invloed van wijzigingen in het beleid op de uitkomsten van het marktproces. Deze vaststelling geschiedt statistisch met behulp van de correlatierekening. Er wordt nagegaan of er verband of correlatie is tussen grootheden.

Indien men met behulp van de correlatierekening heeft vastgesteld dat de omzetgroei van een bepaalde onderneming wordt bepaald door de groei van het bruto binnenlands product en het aandeel dat de onderneming heeft in de totale reclame-uitgaven, dan berekent men onder de veronderstelling van een constant aandeel in de reclame-uitgaven wat de omzetgroei is. Voorspellingen over de groei van het bruto binnenlands product worden door het Centraal Planbureau op geregelde tijden gepubliceerd, zodat het eenvoudig is de omzetgroei te voorspellen. Ook kan men nagaan hoe groot bij verschillende aandelen in de reclame-uitgaven de omzetgroei in de komende jaren is.

Bij duurzame goederen bestaat soms de mogelijkheid dat een van de factoren die de omvang van de totale markt bepalen niet beschreven hoeft te worden met een wiskundige formule, maar afgeleid kan worden uit het verloop van de afzet in het verleden. De vraag naar duurzame producten bestaat uit de initiale vraag en de vervangings- of remplacevraag. De initiale vraag is afkomstig van hen die voor het eerst kopen. De vervangings- vraag wordt uitgeoefend door kopers die een reeds eerder gekocht product willen vervangen. De levensduur van duurzame artikelen is op grond van technische gegevens en historische cijfers vrij nauwkeurig te schatten. Aangezien de levensduur niet voor alle producten die op een tijdstip afgele- verd zijn, hetzelfde is, beschrijft men de levensduur door zogenaamde sterftecoëfficiënten, die aangeven hoeveel procent van een op een moment verkochte partij in een bepaald gebruiksjaar buiten gebruik wordt gesteld.

Tabel 5 *Sterftecoëfficiënten*

Gebruiksjaar	Buiten gebruik gesteld
3	20%
4	60%
5	20%

Wanneer de initiale vraag uit andere berekeningen bekend is, is het een- voudig om de totale marktontwikkeling te berekenen. Voor de eenvoud nemen wij aan dat alle aankopen op 1 januari van elk jaar plaatsvinden. Hieruit volgt dat gebruiksjaar en kalenderjaar samenvallen. Uit tabel 6 is de berekening van de marktontwikkeling af te lezen. Uit het voorbeeld blijkt dat de jaarlijkse omzet in de eerste jaren een grillig verloop ver- toont. Een planning op de maximale vraag van 404.000 stuks per jaar is hierdoor niet zinvol. Na enige jaren is de initiale vraag tot nul gedaald en men zegt dan dat de markt verzadigd is. Het aantal goederen dat in ge- bruik is neemt niet meer toe. Dit aantal is gelijk aan de som van initiale verkopen. In het voorbeeld is dit aantal dus 1.100.000. Wanneer men een grafiek maakt van de aantallen in gebruik zijnde artikelen in elk jaar ont-

Tabel 6 Ontwikkeling markt van duurzame artikelen

Jaar	Initiale aankopen x 1000 st.	Vervanging van de aankopen in jaar: x 1000 st.									Vervangings-aankopen x 1000 st.	Totale aankopen x 1000 st.
		1	2	3	4	5	6	7	8	9		
1	100										–	100
2	200										–	200
3	300	20									20	320
4	300	60	40								100	400
5	200	20	120	64							204	404
6	–		40	192	80						312	312
7	–			64	240	81					385	385
8	–				80	242	62				384	384
9	–					81	188	77			346	346
10	–						62	231	77		370	370
11	–							77	230	69	376	376

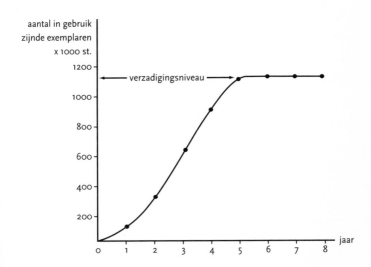

Figuur 2 s-vormige groeicurve van het aantal in gebruik zijnde duurzame artikelen

staat in vele gevallen een s-vormige groeicurve. Aan de hand van de gegevens van tabel 6 is in figuur 2 een dergelijke groeikromme getekend.

Vele groeiverschijnselen vertonen een dergelijk verloop en bereiken na een aantal jaren een maximum. Natuurlijk behoeft het verzadigingsniveau niet altijd gehandhaafd te blijven in de loop van de tijd. Indien concurrerende goederen op de markt verschijnen gaat de curve weer dalen. De s-vormige groeikromme neemt men ook waar bij niet-duurzame artikelen. Meestal groeit de vraag naar een pas ingevoerd product langzaam. Bij algemene aanvaarding van het product treedt een snellere stijging van de vraag op totdat een vertraagde groei optreedt en een maximum wordt bereikt. Na enige tijd loopt de vraag onder druk van concurrentie weer terug. Bij wijze van voorbeeld is de volgende figuur ontworpen.

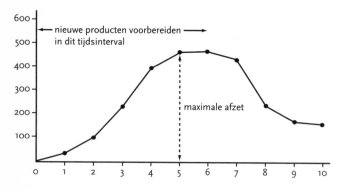

Figuur 3 Levensduurkromme

De schatting van het tijdstip waarop de maximale omzet wordt bereikt, is voor een onderneming van zeer veel belang. In het tijdsinterval tussen invoering en het bereiken van de maximale omzet wordt door research of op andere wijze gezorgd voor producten die het assortiment aanvullen, anders zal de totale omzet van de onderneming teruglopen.

Het marktonderzoek bedient zich van technieken uit verscheidene wetenschappen en kan door combinaties van dergelijke technieken een zeer uitgestrekt gebied van problemen tot haar onderzoeksterrein rekenen. In het voorgaande zijn eenvoudige consumentenonderzoekingen als voorbeelden genoemd, maar deze zijn niet het enige werkterrein. Het motievenonderzoek dat zich bezighoudt met de psychologische achtergronden en drijfveren bij de aankoopbeslissing is een ontwikkeling van het marktonderzoek waarbij psychologische en zelfs psychoanalytische technieken worden toegepast. Hierbij wordt vaak niet gewerkt met grote groepen ondervraagden, maar met een zeer kleine groep proefpersonen, die zeer grondig wordt bestudeerd. Andere psychologische marktonderzoekstechnieken, zoals het bepalen van de houding of attitude van consumenten ten opzichte van bepaalde merken of producten, vereisen weer kennis van de constructie van psychologische tests. Het industriële marktonderzoek houdt zich bezig met de afzetmarkten van producten die nog niet geschikt zijn voor de finale consument. Voor dergelijke onderzoekingen hebben enquêtes, zoals deze in het consumentenonderzoek plaatsvinden, vaak geen zin.

Concluderend kan men stellen dat het marktonderzoek een combinatie van kennis vereist die loopt van economische, statistische, commerciële en psychologische kennis tot de technische kennis van het te onderzoeken product. De inzichten die het marktonderzoek oplevert, worden benut bij de uitstippeling van het productbeleid, het prijsbeleid, het distributiebeleid en het reclamebeleid. In het volgende hoofdstuk wordt op de algemene aspecten van het marketingbeleid ingegaan.

Marketingbeleid

De bespreking wordt toegespitst op het marketingbeleid van de onderneming. Meestal hebben wij een onderneming voor ogen, die hetzij rechtstreeks, hetzij via tussenschakels levert aan de finale consumenten. De onderneming ondervindt concurrentie van ondernemingen die verwante goederen aanbieden. Essentieel is dat steeds wordt uitgegaan van de heterogeniteit van markt en waar. Deze veronderstelling sluit heel goed aan bij de bonte werkelijkheid van alledag. Via alle media zien de consumenten dagelijks een stroom van informatie over goederen, ondernemingen en handelskanalen op zich afkomen, die zij als zeer uiteenlopend ervaren. Zij ondersteunen door hun koopgedrag een grote verscheidenheid.

Nemen wij nu aan dat de onderneming een gegeven goed of dienst, of een gegeven reeks van goederen of diensten op de markt brengt, tegen gegeven prijzen, via gegeven afzetkanalen en met een gegeven reclameinspanning, dan kan worden aangegeven van welke factoren de afzet afhankelijk is. De voorafgaande hoofdstukken hebben geleerd dat de afzet dan wordt bepaald door de voorkeuren van de consumenten, de prijzen van andere goederen, het totale inkomen waarover de consumenten beschikken, de wijze waarop dit inkomen verdeeld is en de bevolkingsgrootte. Bovendien kan de verkoop van duurzame consumptiegoederen afhangen van de vermogenspositie van de consument. Door *autonome* veranderingen van deze factoren wordt de afzet van de onderneming in gunstige of ongunstige zin beïnvloed. Een evenwichtig marketingbeleid dient hiermede rekening te houden.

De wijze waarop dit gebeurt hangt af van de factor die in ogenschouw wordt genomen. Voor de producenten zijn het bruto binnenlands product, de inkomensverdeling, de omvang van de bevolking en de prijzen van niet-concurrerende goederen in het algemeen exogene – van buiten komende – grootheden, omdat zij deze factoren niet kunnen beïnvloeden. Wel geldt voor deze exogene factoren dat de *mate* waarin de afzet wordt beïnvloed mede afhankelijk is van de commerciële strategie van de onderneming. Blijkt uit een marktonderzoek dat het product vooral wordt gekocht door consumenten die over een hoog inkomen beschikken, dan kan door een verbetering van de kwaliteit de afhankelijkheid van het inkomen in gunstige zin worden beïnvloed. Ook kan men door een reclamecampagne de voorkeuren zodanig trachten te beïnvloeden dat van een gegeven bevolking een groter aantal het goed aanschaft.

Daarmee komen wij op de factoren die de producent wel rechtstreeks kan beïnvloeden, de preferenties van de afnemers en de prijzen van de concurrerende goederen. Door permanente reclame-inspanning kan een voorkeur voor het goed of het assortiment van de onderneming worden opgeroepen of versterkt. De prijzen van de concurrenten zijn voor beïnvloeding vatbaar door de eigen prijs als instrument te bezigen. In deze beide laatste gevallen zijn de variaties in de factoren die de afzet bepalen derhalve door het gedrag van de ondernemer uitgelokt of *geïnduceerd*. Men zou van semi-exogene grootheden kunnen spreken. Veranderingen in de prijzen van niet-concurrerende goederen, waardoor de afzet ook een invloed kan ondergaan, zijn autonoom, omdat zij in de regel niet door de betrokken producent kunnen worden uitgelokt.

Wij zien derhalve dat door autonome veranderingen in de factoren die de afzet bepalen, ook bij een passief gedrag van de zijde van de onderneming de verkopen van de goederen een wijziging ondergaan. De belangwekkende aspecten van het marketingbeleid komen echter pas aan de orde, wanneer de onderneming door het voeren van een actieve politiek poogt de ontwikkeling van de markt te beïnvloeden. De ter beschikking staande instrumenten – de endogene grootheden –, zoals de prijs, het product, het assortiment en de reclame, worden gehanteerd met het oog op de doelstelling van de onderneming.

De finale doelstelling van het marketingbeleid is uiteraard die van het ondernemingsbeleid: de groei en bloei van de onderneming. Veel verder dan deze wat vage, algemene aanduiding kan men niet komen, zolang men het kader waarbinnen men tot de formulering van de doelstelling wil komen, niet nader uitwerkt. Langs een andere weg zagen wij dit reeds bij de bespreking van het oligopolie in het hoofdstuk Marktvormen. Bij de verklaring van de hoogte van de prijzen wordt van een of andere variant van winstmaximering uitgegaan, maar zodra andere parameters van het gedrag in ogenschouw worden genomen, komt aandacht voor oogmerken zoals het marktaandeel en de groei daarvan naar voren. Ook al dient het concrete, dagelijkse beleid tegen de ruime aanduiding van het doel te worden geprojecteerd, deze doelstelling blijft toch zo abstract dat daaraan niet kan worden ontleend hoe de instrumenten in concreto dienen te worden aangewend. De groei en bloei van de onderneming zijn daarvoor met een te grote verscheidenheid van gedragingen gediend. De leiding van de onderneming ontkomt dan ook niet aan regelmatig overleg over de strategie die men wil volgen en het corporate image dat men wenst.

Toch beheersen groei en bloei van de onderneming de discussie wanneer de lange termijn in ogenschouw wordt genomen. In die situatie worden immers alle elementen van het ondernemingsgebeuren als variabel opgevat: de vestigingsplaats, het productiepakket, de productiewijzen, de verkoop en de organisatie daarvan. Nagegaan wordt in welke richting het in de onderneming belegde en te beleggen vermogen het hoogste rendement oplevert. De marketing van het reële en potentiële productiepakket is onmiddellijk verbonden met het uiteindelijke ondernemingsdoel: het waarborgen van een permanente winstbron door opbouw en uitbouw van de marktpositie.

Het probleem van de timing en dosering van de instrumenten komt juist bij de formulering van het langetermijnbeleid scherp naar voren. Zal men een miljoen extra investeren in reclame of in de uitbreiding van het vertegenwoordigersapparaat? En wanneer dient het assortiment met nieuwe goederen en diensten te worden uitgebreid en dienen oude te worden afgestoten? De langetermijnbeschouwing stelt de onderlinge verwevenheid van de instrumenten duidelijk in het licht. De vergroting van het assortiment vereist meestal begeleiding door reclame, maar ook dient te worden nagegaan of de bestaande distributiekanalen geschikt zijn het nieuwe product voort te stuwen. Kortom, met het oog op het finale doel van de onderneming gaat het om de simultane hantering van de gehele batterij van instrumenten. Wie dit eenvoudige inzicht over het hoofd ziet maakt de worstenfout van Albert Heijn. Via een grootscheepse reclamecampagne had Albert Heijn aangekondigd dat er op een bepaalde zaterdag goede worsten tegen een extra lage prijs in de schappen lagen. De consumenten kwamen in groten getale, maar de worsten lagen er niet, omdat de fysieke distributie, ook wel de logistiek genoemd, niet was afgestemd op de reclamecampagne.

Een dergelijke bedrijfspolitieke blunder kan men met moderne informatietechnologie te lijf gaan. Door de software van ondernemingen als SAP, Baan en Oracle wordt het hele ondernemingsproces van inkoop tot verkoop in beeld gebracht, zodat coördinatie- en communicatieproblemen worden voorkomen.

Hieraan kan niettemin worden toegevoegd dat met het oog op de praktijk een meer partiële, geïsoleerde behandeling toch zeer gewenst is. Tal van praktische marketingproblemen hebben betrekking op de korte termijn. Zo kan men zich voorstellen dat de reeks van goederen, de prijzen en de wijze van distributie gegeven zijn en de vraag opkomt hoeveel nu aan reclame zal worden besteed en op welke wijze het bedrag over de beschikbare media zal worden verdeeld. Weliswaar dient men ook in dat geval het zicht op de samenhang van de instrumenten niet uit het oog te verliezen, maar het geïsoleerd behandelen van dit type vraagstukken kan verantwoord zijn omdat de resultaten concreter en ook gemakkelijker verifieerbaar zijn.

De kortetermijnbeschouwing brengt niet alleen met zich dat de afzonderlijke instrumenten door een vergrootglas worden bekeken, maar leidt ook tot een concretisering van de doelstelling van de onderneming. Het doel van een reclamecampagne kan zijn het verkopen van 10.000 exemplaren meer van een bepaald goed. Er is dan sprake van een tussendoel dat uiteraard niet strijdig behoort te zijn met het finale doel. Of dit zo is, is juist vanwege de betrekkelijke vaagheid van het einddoel niet altijd gemakkelijk vast te stellen. Gewenst is dat het tussendoel verenigbaar is met de groei en bloei van de onderneming op lange termijn. Een scherpe formulering van de tussendoelen is met het oog op een consistente bedrijfsvoering vereist, omdat alleen dan door snelle informatie en goede communicatie eventuele tegenstrijdigheden tijdig kunnen worden gesignaleerd en gecorrigeerd. Zo leert de praktijk dat soms om interne, administratieve redenen procedures worden afgesproken die in de externe sfeer klantonvriendelijk zijn.

Om deze redenen bespreken wij de instrumenten van het commerciële beleid stuk voor stuk en niet gezamenlijk. Het bezwaar van deze handelwijze schuilt in de verwaarlozing van de onderlinge verwevenheid en samenhang van de instrumenten. Daar ook in de praktijk verscheidene instrumenten veelal simultaan worden gehanteerd is dit een ernstig bezwaar. Wij trachten dit te ondervangen door de geïsoleerde behandeling te completeren met verwijzingen naar de andere instrumenten en de algemene samenhang. Bovendien zorgt de moderne informatie- en communicatietechnologie er voor dat meer dan vroeger de totale bedrijfsgang steeds in beeld is, wanneer aan een van de instrumenten wordt gesleuteld.

De marketing mix

Door de instrumenten een voor een te bespreken is het enigszins willekeurig met welk instrument wordt begonnen. Toch ligt het voor de hand met het productbeleid te beginnen, eenvoudig omdat met de onderneming het product in de eerste plaats komt vast te staan. Daarop volgt het probleem van de prijsstelling van de producten: het prijsbeleid. Vervolgens komt de vraag aan de orde op welke wijze de distributie van de goederen zal plaatshebben: het distributiebeleid. Ten slotte komt het reclamebeleid of, ruimer, het productbeleid aan de orde. Al deze elementen van het commerciële beleid duidt men tezamen wel aan met de Engelse uitdrukking, de *marketing mix*.

Het *productbeleid*, dat kan worden onderverdeeld in artikel- en assortimentsbeleid, heeft betrekking op aantal en aard van de goederen die worden gevoerd, de eigenschappen die men eraan toekent, de mate van productdifferentiatie en de ontwikkeling van geheel nieuwe goederen. In zijn totaliteit staat het productbeleid niet los van de overige aspecten van de bedrijfsvoering. Enerzijds stelt de techniek van het productieproces eisen, anderzijds is er een samenhang tussen de omvang en de aard van het assortiment en de interne organisatie en het beheer van de onderneming. Maar ook binnen het kader van het commerciële beleid zijn er samenhangen. Zo is het productbeleid niet onafhankelijk van het distributiebeleid. De opneming van bepaalde nieuwe producten kan ertoe nopen nieuwe afzetkanalen te ontwerpen. Ook omgekeerd kan vanuit de knooppunten in de distributie, zoals de grossiers, de wens uitgaan het assortiment uit te breiden of juist in te krimpen.

Het *prijsbeleid* heeft betrekking op de prijszetting van de artikelen. In werkelijkheid doet zich in dit opzicht een grotere verscheidenheid voor dan zonder meer uit het in de algemene economie bekende beginsel van de winstmaximering voortvloeit. Er kunnen redenen zijn de prijs tijdelijk lager te stellen dan met de (uit het oogpunt van maximale winst) optimale prijs overeenkomt om een snelle groei in de markt te bewerkstelligen. Ook dient binnen het kader van het prijsbeleid enige aandacht te worden geschonken aan de kostprijs en de berekening daarvan. Ten slotte bespreken wij bij het prijsbeleid ook de kwantumkorting, het rabat en de omzetbonificatie. Dit illustreert weer de onderlinge afhankelijkheid van de elementen van de marketing mix, want men zou de grossiers- en detaillistenrabatten evenzeer bij het distributiebeleid kunnen bespreken. Ook staat het prijsbeleid niet los van het reclamebeleid, omdat de uitgaven voor reclame op de een of andere wijze in de prijzen van die goederen zijn verdisconteerd.

Bij het *distributiebeleid* kan men een onderscheid maken tussen de keuzevraagstukken met betrekking tot de afzetwegen, rechtstreekse levering aan detaillisten of via grossiers en keuzevraagstukken met betrekking tot de fysieke distributie en de keuze ten aanzien van de wijze van stimulering van de verkoopinspanning van de tussenschakels, gegeven de keuze omtrent de distributieweg. Aandacht wordt geschonken aan de keuze tussen grossiers en detaillisten en daarna aan de vraag hoeveel detaillisten in het bezoekprogramma dienen te worden opgenomen als men uitgaat van rechtstreekse levering. Bij de bespreking van de fysieke distributie wordt melding gemaakt van de bepaling van de optimale bestelserie. Vervolgens wordt kort ingegaan op enkele aspecten van de verkoopbevordering en de organisatie daarvan, gegeven de keuze voor een bepaalde wijze van distributie. De samenhang van het distributiebeleid en de andere elementen van de marketing mix kwam reeds verscheidene keren ter sprake, maar wij willen hier nog wijzen op de noodzaak van een tijdige afstemming van de bevoorrading van de detaillisten en een reclamecampagne. Het uitlokken van vraag door intensieve televisiereclame heeft immers meestal een boemerangeffect, wanneer de vraag niet onmiddellijk kan worden bevredigd.

Ten slotte het *reclamebeleid* en het *promotiebeleid*, onderdelen van het commerciële beleid waarmee iedereen vrijwel dagelijks in aanraking komt. Tal van keuzeproblemen doen zich hier voor. Welke thema's dienen in de campagne te worden opgenomen? Hoeveel dient voor reclame te worden uitgetrokken, vergeleken met de bedragen die voor de andere instrumenten ter beschikking staan? Als de omvang van het budget vaststaat komt de vraag op naar de besteding ervan in de tijd en de verdeling over de uiteenlopende media. Juist het reclamebeleid illustreert het complexe van het commerciële beleid, door de vele verbindingslijnen met de andere instrumenten van de marketing mix en door de subjectieve overwegingen die een rol spelen bij de vormgeving van de reclameboodschap. De reclame is dan ook niet alleen een instrument in handen van de ondernemer ter bevordering van zijn verkopen, maar meer dan de andere onderdelen van de marketing mix een facet van onze cultuur. Het promotiebeleid omvat het onderhouden van contacten met afnemers, het organiseren van seminars en het bevorderen van algemene naamsbekendheid.

Met deze summiere en voorlopige aanduiding van de instrumenten van het marketingbeleid is wellicht het inzicht gegroeid dat de discussie over het tussendoel van een bepaalde commerciële activiteit concreter kan worden door de geïsoleerde bespreking van de instrumenten. Het bespreken van de voor- en nadelen van een prijsverlaging ter stimulering van de verkopen is vruchtbaarder wanneer men zich in eerste aanleg tot het prijsbeleid beperkt dan wanneer simultaan de gehele marketing mix ter discussie wordt gesteld. Heeft deze partiële benaderingswijze tot voldoende inzicht geleid, dan kan daarna het effect van de overwogen maatregel op de andere elementen van de marketing mix worden belicht.

Overeenkomstig de gewoonte in de economische politiek hebben wij de onderscheiding in doeleinden en instrumenten gehanteerd, teneinde het marketingbeleid van de onderneming te karakteriseren. Evenmin als de inhoud van de economische politiek losstaat van de theoretisch-economische analyse, staat het marketingbeleid los van een analyse van de marktpositie en marktontwikkelingen van de door de onderneming aangeboden goederen en diensten. Deze analyse leert dat de afzet, geheel onafhankelijk van het gedrag van de individuele producent, mede wordt beheerst door autonome factoren, zoals de bevolkingsgroei en de toeneming van het bruto binnenlands product. De mate van afhankelijkheid van deze exogene grootheden kan de ondernemer beïnvloeden door het maken van reclame. Daarnaast zijn er semi-exogene grootheden, zoals de prijzen van concurrerende goederen, waarop de ondernemer zelf enige invloed kan uitoefenen, ook al bestaat geen zekerheid omtrent de reactie van de concurrent. Ten slotte zijn er de endogene grootheden, zoals de prijzen die de ondernemer zelf vaststelt voor de goederen, waardoor de afzet wordt bepaald. Tegen deze achtergrond worden de instrumenten van het commerciële beleid gehanteerd, waardoor de ondernemer het marktgebeuren tot op zekere hoogte kan sturen. Tot op zekere hoogte, want het is onjuist de omzetstijging die in een bepaalde periode plaatsheeft volledig te verbinden met de reclame-inspanning in dezelfde periode, omdat de omzet ook door autonome ontwikkelingen stijgt.

Evenmin als in de economische politiek kunnen de doeleinden van het commerciële beleid uit de analyse van de afzet worden afgeleid. Deze doeleinden worden door de 'policy maker', i.c. de ondernemingsleiding geformuleerd. Welke omschrijving men ook kiest voor het ondernemingsdoel, in de dagelijkse praktijk komt het aan op een nauwkeurige specificatie van de tussendoelen, die worden getoetst aan de oogmerken van de leiding. Langs deze weg ontstaat via een *feedback*-mechanisme een meer gedetailleerde indruk van de doeleinden van de onderneming dan door een algemene, meestal ook vrijblijvende, discussie over het einddoel. Juist de confrontatie met de beschikbare instrumenten en de daaraan verbonden kosten leert in hoeverre het ernst is met sommige doelen. Zo kan men in eerste instantie wel een marktaandeel van 60 procent beogen, maar wanneer daartoe het assortiment kwalitatief zozeer dient te worden opgevoerd dat het de technische en financiële mogelijkheden te boven gaat, worden de oogmerken aangepast aan de mogelijkheden.

Gekozen is voor een partiële behandelingswijze van de elementen van de marketing mix, het productbeleid, het prijsbeleid, het distributiebeleid en het reclamebeleid. Tot zover heeft de uiteenzetting geleerd dat wij ons speciaal bezighouden met het marketingbeleid van de onderneming die aan de finale consument levert. De gekozen invalshoek is van toepassing op handelsondernemingen, op dienstverlenende ondernemingen, zoals banken, en zelfs op ondernemingen die kapitaalgoederen leveren aan andere ondernemingen. Het idee van de marketing mix kan ook worden gehanteerd bij het beschrijven van de marketing van processen, die geheel buiten de sfeer van commerciële activiteiten blijven. Voorlopig richten wij niettemin de aandacht vooral op de marketing van fysieke goederen.

Op deze plaats wijzen wij er nog eens op dat door internet de consument in een minder afhankelijke positie komt, zodat de nadruk in de marketing steeds sterker komt te liggen op de geuite wensen van de consumenten. De marketing gaat zich zelfs op de individuele klant richten waardoor deze minder wordt gestuurd vanuit het aanbod. De informatie over de klant wordt uitgangspunt voor de marketing mix.

Praktische illustratie

Vier grote Nederlandse bloembollenexporteurs beheersen de markt in Frankrijk. De bloembollen lijken erg op elkaar. Van hun afzet gaat 50 procent via directe verkoop naar de consument. Dit gebeurt via catalogi. De exporteurs menen dat alleen mensen uit de hogere inkomensklassen, die wonen in een uitgesproken landelijke omgeving, de potentiële bloembollenkopers zijn. Een bloembollenexporteur uit deze groep, die door middel van catalogi zijn artikel in Frankrijk afzet, heeft zijn afzet gedurende de laatste jaren zien teruglopen. Deze exporteur geeft nu een marktonderzoeksbureau opdracht een onderzoek in te stellen teneinde basisgegevens te verkrijgen voor de uitstippeling van een efficiënte verkoopstrategie.

Doel van het onderzoeksprogramma

Op basis van het onderzoek tracht men tot een analyse te komen van alle facetten die bepalend zijn voor het succes van de directe verkoop van bloembollen. Dit onderzoek zal de richtlijnen moeten verschaffen voor het verkoopbeleid in de komende jaren. Het moet leiden tot een vergroting van de afzet van deze exporteur. De probleemstelling rondom de *direct mailing* heeft twee aspecten: een kwantitatief aspect en een kwalitatief aspect. Om tot goede basisgegevens te komen zijn twee onderzoeken noodzakelijk.

Het kwantitatieve onderzoek dient de gegevens op te leveren over de vestigingsplaats van de afnemers van bloembollen; een verbijzondering naar sociaal-economische criteria zoals geografische plaats, leeftijd, ge-zinssamenstelling, welstandsklasse, aankoopgedrag in het algemeen, lees-, luister- en kijkgewoonten van de afnemers. Anders gezegd, de ex-porteur kan aan de hand van de uitkomsten van het onderzoek bepalen wie de afnemers en potentiële afnemers van bloembollen zijn, waar zij zich bevinden en hoe zij zich gedragen (sociaal-economische criteria). Het kwalitatieve onderzoek bestaat uit een aantal diepte-interviews met bloembollenafnemers en exporteurs.

Probleemstelling

Onderzoek I
Het kwantitatieve onderzoek werd gehouden in Frankrijk. In totaal wer-den 2000 consumptiehuishoudingen, representatief over Frankrijk ver-deeld, ondervraagd.

De volgende vraagpunten stonden centraal:

a frequentie van ontvangst van Nederlandse catalogi met een agrarisch assortiment;
b de mate waarin de laatste jaren orders voor bloembollen waren ge-plaatst.

Onderzoek II
In het kwalitatieve onderzoek stonden de volgende vraagpunten cen-traal. In welke mate zijn:

c de prijs van bloembollen
d de kwaliteit van bloembollen
e de service en nazorg
f het tijdstip van de mailing van de catalogus en
g de lay-out van de catalogus

bepalend voor het koopgedrag van de consument.

Het onderzoeksresultaat

De uitkomsten van het kwantitatieve onderzoek tonen aan dat

- de grootste afzet plaatsvindt in een straal van 200 km rond Parijs;
- de kopers niet in een uitgesproken landelijke omgeving wonen en niet tot één bepaalde inkomensklasse behoren;
- de kopers die verscheidene orders plaatsen, zich karakteriseren door een lectuurkeuze van weekbladen als *Paris Match*, terwijl zij de programma's van een bekende tv-reclamezender hoog waarderen.

De uitkomsten van het kwalitatieve onderzoek waren in hoge mate indicatief voor het te voeren beleid. Zo bleek de prijs van bloembollen geen belangrijk aankoopmotief te zijn. Vooral zij die verscheidene orders plaatsten in het verleden, bleken altijd eenzelfde bedrag aan bloembollen uit te geven; met andere woorden, één bepaald bestedingsbedrag werd gebruikt om bloembollen te kopen, ongeacht het aantal dat men hiervoor kreeg.

De kwaliteitsomschrijving die de exporteur aanhield, namelijk de omvang van de bloembol, sprak de kopers nauwelijks aan. Het resultaat dat men krijgt werd doorslaggevend gevonden. Juist met het oog hierop werd een goede *after sale*-service hoog gewaardeerd.

Ten slotte bleek dat de afzetvermindering van de opdrachtgever werd veroorzaakt door de grote verkoopactiviteit van de concurrenten. Zij waren erin geslaagd via een vergrote oplaag van de catalogi hun marktaandeel te vergroten. De presentatie en de lay-out van deze concurrerende catalogi week belangrijk af van die van de opdrachtgever. De verzending van de catalogi vond omstreeks augustus plaats.

Productbeleid

Een goed is meer dan een complex van fysische en chemische eigenschappen. Een uitsluitend op technische criteria gebaseerde indeling van de goederen doet geen recht aan de enorme gedifferentieerdheid van de artikelen die worden aangeboden. Een goed heeft een bovenbouw van eigenschappen waardoor het zich onderscheidt van andere goederen, ook al is de onderbouw technisch identiek. Denken wij eens een ogenblik aan benzine. Afgaande op technische criteria, zoals het octaangetal, is er geen verschil tussen uiteenlopende merken, maar door reclame, presentatie en merkbeeld worden veel grotere nuances gesuggereerd dan met de werkelijkheid van de onderbouw overeenkomt. De benzinemarkt is geen voorbeeld van een homogeen duopolie, zoals door schrijvers over marketing wel eens wordt gedacht – een voorbeeld is Leeflang in Groningen –, maar van heterogeen oligopolie.

De productdifferentiatie kan zowel betrekking hebben op de meer intrinsieke eigenschappen van de producten, de onderbouw, als op het geheel van elementen, de bovenbouw, dat uit technisch oogpunt niet essentieel is. Hier ligt ook een bron voor een zekere tegenstelling tussen technische en commerciële overwegingen bij het productbeleid. Denkbaar is dat uit commercieel oogpunt de verpakking van een artikel belangrijk is, terwijl technici geneigd zijn dit aspect te verwaarlozen. Omgekeerd is het mogelijk dat een artikel technisch wordt verbeterd, terwijl deze verbetering vervluchtigt in de waas van niet onmiddellijk grijpbare aspecten van het product. Het psychologische motievenonderzoek heeft vooral betrekking op de bovenbouw van de producten en minder op de meer concrete technische kwalificaties van de artikelen. Daarom wezen wij al eerder op de betekenis van het omschrijven van een goed als een bundel karakteristieken. In de marketing zijn deze alle aangrijpingspunt voor het beleid.

Toch is het uitgangspunt voor de vernieuwingsdrang in de onderneming niet de presentatie en ambiance van een artikel, maar een zodanige verandering in de technische specificaties dat beter in bestaande behoeften wordt voorzien of nieuwe behoeften aan het licht worden gebracht. De technische ontwikkeling is voor een belangrijk deel belichaamd in een stroom van nieuwe artikelen, zodat de ondernemer steeds voor de keuze wordt gesteld of hij aan dit aspect van de technische ontwikkeling meedoet door ook een nieuw product op de markt te brengen. Bij de productontwikkeling is dan sprake van wezenlijke vernieuwing. Een voorbeeld is de overgang van de volautomatische naar de volledig gestuurde wasmachine. De versnelling in de dynamiek dwingt de ondernemingsleiding ertoe steeds verder vooruit te zien en zich niet te laten verblinden door het huidige succes van een bepaald goed.

Een goede afstemming van technische en commerciële aspecten is bij de productontwikkeling noodzakelijk. Een in verschillende opzichten technisch volmaakt product is niet alleen duur, zodat slechts een kleine groep afnemers kan worden bereikt, maar vertoont vaak ook een grotere duurzaamheid dan overeenkomt met de preferenties van sterk op verandering ingestelde consumenten. Bij de ontwikkeling van nieuwe producten is een permanente wisselwerking vereist met de markt. Uiteraard kan men wel op de markt vooruitlopen, maar ook dan is toetsing van het artikel aan de potentiële verbruikers gewenst, alvorens het op grote schaal te produceren. Ook kan het oordeel van de grossiers en detaillisten zeer waardevol zijn.

Er worden dagelijks veel nieuwe goederen op stapel gezet, maar slechts weinige blijken na introductie succesvol te zijn. De vaak grote investeringen die worden gedaan, worden niet altijd door winstgevende afzet vergoed. Toch blijkt uit statistisch materiaal dat een toenemend deel van de omzet van ondernemingen bestaat uit de met nieuwe producten verworven omzet. Het bezigen van het product als instrument in het marketingbeleid impliceert ook tijdige afstoting van producten waarvan het rendement te laag geworden is. Ook een product heeft, zoals wij al eerder zagen, een levenscyclus.

Wij gaan nu op enkele aspecten van de producten nader in: de kwaliteit, het merkbeeld, de verpakking, de levenscyclus, de productdifferentiatie en het assortiment.

Kwaliteit

Wij wagen ons niet aan een omschrijving van de kwaliteit van een product. Ook hierbij doet zich de moeilijkheid voor of men zich moet beperken tot de fysische eigenschappen van het artikel, zoals gewicht, kleur, vorm dan wel ook de veelal emotionele associaties van de afnemers in de kwaliteitsaanduiding moet betrekken. Zuiver technisch beschouwd kan men criteria aanleggen voor de kwaliteit, maar wanneer een artikel ook als statussymbool fungeert kan de technische optimaliteit afwijken van de consumentenbeoordeling. Uit het oogpunt van de onderneming kan de optimale kwaliteit van een artikel een andere benadering vereisen, omdat dan kosten en opbrengsten mede een rol spelen.

Laten wij ons eens een indruk trachten te vormen van het multidimensionale van het begrip kwaliteit door auto's in een bepaalde prijsklasse nader te beschouwen. Wij denken aan betrekkelijk populaire auto's in de prijsklasse van 13.600 euro tot 20.000 euro, zoals Volkswagen, Fiat Bravo, Peugeot 204 en Renault Twingo. Wat de vormgeving betreft kan men tweedeurs- en vierdeursmodellen onderscheiden. De motor kan voorin en achterin, dwars of in de lengterichting zijn geplaatst. Er zijn breedte- en lengtemodellen, hoog- en laaggebouwde varianten. Deze opsomming van de mogelijkheden ten aanzien van de vorm is niet uitputtend. Denkt men aan het interieur dan doen zich weer tal van mogelijkheden voor wat betreft de stoelen. Ook in motorisch opzicht zijn de varianten welhaast onoverzienbaar: twee of vier cilinders, lucht- of waterkoeling, diesel- of benzinemotor, vrij grote cilinderinhoud met een relatief laag toerental of het omgekeerde, drie- of vijfmaal gelagerde krukas, boven- of onderliggende nokkenas, hoge of lage compressie.

Door al deze eigenschappen te combineren ontstaat een zeer groot aantal technische mogelijkheden. Zo beschouwd is het feitelijke aantal modellen dat op de markt wordt gebracht nog zeer beperkt. Betrekt men naast de onderbouw van het product ook nog de bovenbouw in de beschouwing dan ontstaan nog meer mogelijkheden. Het gaat dan om veel meer karakteristieken. Niet alleen speelt de wijze van serviceverlening een rol, maar ook of een auto in de ogen van de consumenten een mannelijke dan wel vrouwelijke allure heeft.

Als men tot de kwaliteit van een product al deze additionele facetten rekent, staat vast dat de ondernemer voor een ingrijpend keuzevraagstuk is gesteld dat alleen maar kan worden opgelost door de technische en commerciële mogelijkheden nauwkeurig op elkaar af te stemmen. Aan elk van de genoemde eigenschappen hechten de consumenten een bepaald gewicht. Wordt hiermee door de producent in onvoldoende mate rekening gehouden dan ontstaat het gevaar dat een product op de markt wordt gebracht dat niet verkoopbaar blijkt. Een autofabrikant kan een model ontwerpen waarbij de veiligheid enigszins is opgeofferd aan de snelheid. Ook al wordt dit in technisch opzicht volmaakt uitgevoerd, dan nog wordt de aansluiting met de markt gemist, wanneer de afnemers aan de veiligheid een hoger gewicht toekennen dan waarmee in het ontwerp rekening is gehouden.

Soortgelijke overwegingen gelden wanneer de levensduur van de goederen in ogenschouw wordt genomen. Een technisch lange levensduur wordt niet altijd beloond. Leren broekpakken zijn modegevoelig en verdwijnen daardoor weer snel van de markt. Aan de andere kant is het voortdurend op de markt brengen van een nieuw model in de auto-industrie een zeer kostbare aangelegenheid, zodat soms de strategie wordt gevolgd een auto te pousseren met een zeer lange levensduur, zoals Volvo. Vaak lossen de ondernemingen de keuzeproblemen die voortvloeien uit de rijkdom aan varianten op door verscheidene kwalitatief verschillende producten naast elkaar op de markt te brengen. Ook hiervan vormt de auto-industrie een goede illustratie.

Bekend is verder het voorbeeld van de gloeilampen. Met het toenemen van de levensduur neemt bij gloeilampen de lichtwaarde af en het stroomverbruik toe. Sommige fabrieken bieden daarom niet een maximale levensduur van hun gloeilamp – dit is vrij eenvoudig te bereiken door een dikke gloeidraad te monteren – maar een optimale levensduur. Optimaal in die zin dat levensduur, lichtwaarde en stroomverbruik tegen elkaar worden afgewogen.

Het merk

De ontwikkeling van een merkbeeld is een van de belangrijkste instrumenten om de productdifferentiatie tot uiting te brengen. Heineken is voor de consument ander bier dan Amstel-bier, ook al is het allemaal bier. Een merkaanduiding is een soort visitekaartje; de consument beleeft de schok der herkenning en ziet zijn beslissingsproces vereenvoudigd. Meestal is door de aanschaf van een merk een zekere mate van nazorg en een bepaald kwaliteitsniveau gegarandeerd. Door de producten van een merk te voorzien wordt met de aanschaf van elk exemplaar van een artikel de standing van de gehele onderneming in het geding gebracht. Evenzeer als het woord marketing kan ook het woord merk in ruime zin worden opgevat. Het bureau Future Brand in Wassenaar vat de naam 'Heertje' als merk op. Waarschijnlijk terecht.

Voor de producent is de opbouw van een merkbeeld vooral ingebed in het langetermijnbeleid. Het merk maakt deel uit van het corporate image. Het merkbeeld dient zodanig te zijn dat nieuwe producten met succes onder deze vlag ten doop worden gehouden. Het merkbeeld is voor de producent een van de grenspalen waardoor hij een eigen deelmarkt kan afschermen. Veelal is hij daardoor in staat prijzen te stellen die afwijken van de prijzen van concurrerende artikelen. Ook kan men de prijzen van merkartikelen gemakkelijker stabiliseren. Een zekere mate van prijsstarheid wordt door het merkartikel in de hand gewerkt. Soms leidt dit tot merkwaardige situaties, bijvoorbeeld wanneer het product van de fabrikant ook merkloos wordt verkocht. Meestal is de prijs voor het merkloze product lager dan voor het onder merk gebrachte product, waardoor de consumenten denken dat het merkloze artikel inferieur is ten opzichte van het merkartikel. Hieruit kan men leren dat consumenten voor een suggestie een bepaald bedrag over hebben.

Behalve voor de prijsvorming is het voeren van een merk voor een fabrikant van belang in het kader van het reclamebeleid. Het oogmerk van het langetermijnreclamebeleid is het verstevigen van het merkbeeld en daarmee van de marktpositie, waardoor een gunstige voedingsbodem wordt geschapen voor de introductie van afzonderlijke goederen.

Een belangrijke stap in de opbouw van het merkbeeld is het vinden van een goede merknaam. De naam dient kort en karakteristiek te zijn en algemeen te worden aanvaard, zodat de reclamecampagnes een zekere glans krijgen. Een voorbeeld van een goede merknaam is Coca-Cola. Soms wordt een merknaam in het algemeen beschaafd Nederlands overgenomen, zoals met de merknaam 'Wasserette' is gebeurd. Van tijd tot tijd ontstaan daardoor juridische procedures.

Een bijzondere rol speelt het merk bij de verpakking, omdat het merkbeeld juist door de verpakking naar buiten wordt gedragen.

De verpakking

Hoewel de verpakking van een product geen intrinsieke eigenschappen van het artikel belichaamt, is het een van de meest tastbare karakteristieken in de bovenbouw van het product. De verpakking wordt in toenemende mate als belangrijk onderdeel opgevat van het complexe geheel dat als product wordt aangeduid. Wij spreken van een 'fles wijn' en niet van een 'liter wijn'. Er bestaat echter een verdergaande samenhang tussen product en verpakking. Een goed dat voor brede lagen van de bevolking bestemd is en door middel van reclame als een modern product wordt gepresenteerd, dient niet verpakt te zijn op een wijze die ouderwets en bejaard aandoet.

Men kan onderscheid maken tussen de technische en commerciële aspecten van de verpakking. De technische hebben betrekking op de fysische noodzaak de aangeboden goederen te verpakken. Havermout wordt in pakken geleverd, bier in flessen. Ook voor de tussenhandel is de ene of andere vorm van verpakking technisch noodzakelijk. Soms botsen technische en commerciële aspecten van de verpakking met elkaar. Zo zou melk in bruine flessen minder aan bederf onderhevig zijn. Een experiment met bruine flessen is mislukt omdat de consument het een onprettig gezicht vond.

Afgezien van hygiënische overwegingen is de wijze van verpakken van grote invloed op de geneigdheid voorraad te houden. De balen suiker bij de grossier en de detaillist hebben plaatsgemaakt voor pakken suiker. Daarbij heeft ook het verschijnsel van de zelfbediening in grote winkels een rol gespeeld.

De consumenten kennen aan de wijze van verpakking een nut toe dat niet losstaat van de aard van het goed, maar waaraan niettemin zelfstandige betekenis toekomt. Een in een rood doosje verpakte vulpen kan de voorkeur hebben boven dezelfde pen, verpakt in een wit doosje. Smaakproeven hebben geleerd dat koffie aangeboden in donkere koppen 'lekkerder' wordt gevonden dan koffie in witte koppen. Wij zien hieraan dat de verpakking niet zozeer als een technische afzondering van het product moet worden beschouwd, maar veeleer als een integrerend onderdeel van het commerciële beleid, met name het productbeleid. De wijze van verpakking speelt ook een belangrijke rol bij de opbouw van het merkbeeld, terwijl voorts de reclame de verpakking als middelpunt voor een campagne kan kiezen.

In het kader van de productdifferentiatie is de verpakking van groot belang. Door de verpakking geeft de ondernemer zijn product een eigen gezicht en wordt het merkbeeld uitgedragen. De verpakking is vaak het grondvlak voor informatie over het product, zoals de samenstelling, het gewicht en de wijze van gebruik. Soms gaat het niet alleen om artistieke facetten, maar worden door de verpakking ook technische verbeteringen ingevoerd. In Nederland is een sprekend voorbeeld de verpakking van maaltijden die in de magnetron worden klaargemaakt. Ook met het oog op de permanente productvernieuwing kan de verpakking een rol van betekenis spelen. Door aspirine niet alleen in buisjes van twintig stuks te verkopen, maar ook in pakjes van tien ter beschikking te stellen, wordt een nieuw product ingevoerd waarmee een afzonderlijke kring van afnemers wordt aangeboord. Het is heel goed mogelijk dat de extra kosten verbonden aan de verpakking ruimschoots worden goedgemaakt door de extra opbrengsten die het gevolg zijn van de invoering van de nieuwe verpakking.

Voor de onderneming doet zich ook een belangrijk keuzevraagstuk ten aanzien van de verpakking voor, wanneer een geheel assortiment wordt aangeboden. De vraag is of van een min of meer uniforme verpakking dient te worden uitgegaan of dat per onderdeel van het assortiment naar een specifieke verpakking dient te worden gezocht. Algemene uitspraken hierover zijn moeilijk te doen, maar wel kan worden opgemerkt dat niet alleen technische mogelijkheden en financiële consequenties in ogenschouw worden genomen, maar ook de betekenis die de verpakking heeft voor de versteviging van de marktpositie. Juist omdat het gehele beeld van de onderneming in het geding is, kunnen goed uitgevoerde psychologische onderzoekingen over de invloed die de verpakking heeft op de consumentenvoorkeuren, een goede steun vormen bij het nemen van een beslissing.

Ten slotte hangt de aard van de verpakking af van het stadium in de levenscyclus van het product.

De levenscyclus van een product

Producten bevinden zich evenals mensen in een bepaalde fase van hun bestaan. Een door de onderneming op de markt gebracht product heeft een eigen leven. Een leven waar te zijner tijd een einde aan komt. Er zijn producten die na een bloeiperiode van enkele weken of enkele maanden het toneel weer verlaten, andere producten weten vele decennia in de behoeften van de consumenten te voorzien. Een sprekend voorbeeld van een zeer vluchtig product is de 'hit' op de cd-markt, terwijl de Brandenburgse Concerten van Bach al vele jaren meegaan.

Het zijn de voortdurende ontwikkelingen van de techniek en van de preferenties van de consumenten die de levensloop van een product bepalen. Technische ontwikkeling en voorkeuren van de consumenten beïnvloeden elkaar ook onderling.

Voor de ondernemer is het van groot belang te weten in welk stadium van ontwikkeling een bepaald product zich bevindt. Dit is vooral belangrijk in verband met de strategie die de ondernemer volgt. De specifieke eigenaardigheden van elke ontwikkelingsfase geven aanleiding tot het voeren van een aan die fase aangepast beleid. Het voeren van een dergelijk beleid vereist inzicht in de ontwikkelingsfase.

Doorgaans kan men de levenscyclus van een goed globaal onderscheiden in een viertal fasen: de introductiefase, de expansiefase, de stabilisatiefase en de eindfase.

De tijdsduur van deze fasen ten opzicht van elkaar verschilt van product tot product. De introductiefase wordt gekenmerkt door grote onzekerheid. De ondernemer heeft weliswaar een goed marktonderzoek aan de introductie vooraf laten gaan, maar het gaat erom of en in welke mate de waarschijnlijkheidsuitspraken die de vrucht van dit onderzoek waren, worden waargemaakt. Daarbij zal de onzekerheid groter zijn naarmate het product nieuwer is. Het maakt verschil of men een totaal nieuw product brengt waarvoor een nieuwe markt moet worden geschapen, dan wel of men een bestaand product van een aantal nieuwe eigenschappen voorziet teneinde een voordien niet bereikt koperspubliek te interesseren.

In de introductiefase zullen de kosten hoog zijn, de winst laag of wellicht geheel afwezig. In de sfeer van de interneteconomie kennen wij tegenwoordig zelfs het verschijnsel dat de winstgevendheid van goederen en diensten jaren achterwege blijft. Er is dan de verwachting dat uiteindelijk spectaculaire winsten worden gemaakt. Het vermoeden is gerechtvaardigd dat men bepaalde producten met tijdelijke verliezen introduceert omdat in deze fase niet zozeer het behalen van winst als wel het creëren van een afzetgebied het doel is. Dit afzetgebied zal in het begin vanzelfsprekend klein zijn, terwijl het streven naar vergroting ervan wordt tegengewerkt door een gebrekkig functioneren van het distributieapparaat. Niet alleen de consument, ook de tussenhandel zal in de oude economie voor het product moeten worden gewonnen. De reclame richt zich bij de invoering van een geheel nieuw product vooral op het product zelf. Bij de invoering van een variatie op sterk verwante substituten wordt vooral aandacht op het speciale merk gevestigd.

Een product dat deze fase overleeft – vele producten mislukken in dit riskante stadium van hun bestaan – bereikt daarmee de expansiefase. De expansiefase wordt gekenmerkt door een sterk groeiende omzet en door eveneens krachtig groeiende winst. De grotere productieschaal maakt soms een verlaging van de kosten per eenheid mogelijk. Afhankelijk van de geschatte elasticiteit van de afzetcurve zal men eventueel de prijs verlagen. In een oligopolistische markt zal naast de reactie van de consumenten op een prijsverlaging ook de reactie van aanbieders van nauw verwante producten in de beschouwing moeten worden betrokken. De wederkerige afhankelijkheid zal ertoe leiden dat de elasticiteitsoptimisten – zij die van een geringe prijsverlaging een grote toeneming van hun afzet verwachten – de prijs van de overige oligopolisten mee omlaag dwingen. Intussen zal het succes van het product niet nalaten de aandacht te trekken van potentiële concurrenten.

De expansie zal ten slotte worden geremd door marktverzadiging enerzijds en het ontstaan van knelpunten in de aanbodcapaciteit anderzijds. Er treedt stabiliteit op, kosten- en afzetsituatie liggen nu min of meer vast. De omzet groeit nog wel, zij het in afnemende mate. De winst neemt niet meer toe, een zekere daling is te bespeuren. Veel aandacht moet worden besteed aan het distributieapparaat. De verkoopinspanning vertoont afnemende meeropbrengsten. Het aandeel van de vervangingskopen neemt toe ten opzichte van de aankopen door nieuwe gebruikers, verkapte prijsconcurrentie door inruilacties gaat een belangrijke plaats innemen. Het product wordt gevoeliger voor veranderingen in de algehele economische situatie.

Ten slotte breekt de oude dag aan. Het is mogelijk dat de behoefte aan het goed spontaan verdwijnt. Het is eveneens mogelijk dat een ander een substituut aanbiedt dat beter in de behoefte van de consument voorziet, hetzij door technisch superieure kwaliteit, hetzij doordat het beter 'gebracht' wordt. In het kader van de moderne dynamiek ziet men niet zelden dat ondernemingen toetreden met betere kwaliteiten en lagere prijzen van goederen. In deze eindfase staat de ondernemer voor een aantal mogelijkheden. Hij brengt kleine verbeteringen in het product aan, zoals een andere verpakking; hij beperkt het aantal variëteiten juist en schenkt alle aandacht en inspanning aan de meest succesvolle typen; hij besluit het product op te geven. Het op tijd erkennen dat een product zijn tijd heeft gehad is een moeilijk beoordelingsvraagstuk. Het is een zaak van groot gewicht omdat deze erkenning het mogelijk maakt alle krachten tijdig te richten op de ontwikkeling en lancering van een nieuw product. Het is de actieve concurrentie om de consumentengulden die dit vernieuwingsproces in gang houdt. De toenemende internationale verstrengeling, versterkt door de informatietechnologie, maakt deze concurrentie steeds dynamischer. Vrijwel dagelijks verschijnen op de markten van heinde en ver betere goederen tegen lagere prijzen dan voorheen.

Productdifferentiatie en marktsegmentatie

De productdifferentiatie is herhaaldelijk ter sprake gekomen. Het scheppen van een verschil ten opzicht van een ander product heeft zowel op de onder- als op de bovenbouw van het product betrekking. Een wezenlijk onderscheid ontstaat door naast gewone sigaretten ook filtersigaretten op de markt te brengen. Het aanbieden van dezelfde sigaretten onder een uiteenlopende naam of in verschillende verpakking impliceert een productdifferentiatie die op de bovenbouw betrekking heeft. Ook door de reclame worden verschillen teweeggebracht of gesuggereerd, door de indruk te wekken dat bepaalde sigaretten voor de *upper ten* geschikt zijn.

Door de productdifferentiatie wordt een eigen deelmarkt afgeschermd en een onafhankelijke positie geschapen zodat men bij de prijsstelling minder op de concurrenten behoeft te letten, ook al zal men zich van hun aanwezigheid nimmer geheel losmaken. De productdifferentiatie is uiteraard vooral van belang in het kader van de concurrentie. Men onderscheidt zijn producten ten opzichte van die van anderen. In hoeverre de consument de nieuwe variant op prijs stelt komt op de tweede plaats. Eventuele aarzelingen worden overwonnen door een agressieve verkooppolitiek en reclame.

Er is ook een andere benadering mogelijk, die weliswaar ook tot productdifferentiatie leidt, maar waarbij het uitgangspunt niet wordt gevormd door de producten van de concurrenten, maar door de consumenten. Men maakt een inventarisatie van de karakteristieken in de consumentenvoorkeuren met betrekking tot een bepaalde reeks van producten. Uit deze inventarisatie blijken verschillen tussen mannen en vrouwen, jongeren en ouderen, ambtenaren en landarbeiders, gelovigen en ongelovigen. Op grond hiervan verdeelt de ondernemer de markt onder en gaat hij na of elk segment van de markt afzonderlijk benadering vereist met het oog op de stimulering van de afzet. Men spreekt dan van marktsegmentatie. De mogelijkheid bestaat dat de marktsegmentatie tot het inzicht leidt geen wezenlijke verandering in het product aan te hoeven brengen, maar uitsluitend de reclame en de verpakking aan te passen aan bepaalde marktsegmenten. Ook is denkbaar dat het assortiment uitgebreid wordt met varianten die beter in de behoeften van afzonderlijke groepen van afnemers voorzien dan het oorspronkelijke moederproduct dat op de totale markt was afgestemd zonder op de nuances in de markt te letten. In deze beide laatste gevallen is de productdifferentiatie niet zozeer een reactie op de door de concurrenten aangeboden verwante goederen, maar veeleer het commerciële antwoord op een tamelijk subtiele analyse van de markt. Zo zou een onderneming die een monopoliepositie op de markt inneemt, ondanks de afwezigheid van concurrenten, door het uitbreiden van haar assortiment op grond van marktsegmentatie haar greep op de markt kunnen verstevigen en daardoor toetreding van potentiële concurrenten in ernstige mate kunnen bemoeilijken. In een netwerkeconomie worden beslissingen over deze thema's sneller en tegen lagere transactiekosten genomen dan vroeger omdat veel meer informatie gemakkelijker beschikbaar is.

Het assortiment

Het samenhangend geheel van onderling uiteenlopende goederen dat de producent verkoopt noemt men het assortiment van de onderneming. Daarbij onderscheidt men meestal een breedte- en een diepteaspect. De breedte wordt gemeten aan het aantal artikelengroepen, de diepte wordt bepaald door de maten, kleuren, modellen en dergelijke, gegeven een bepaalde artikelengroep.

Trading up en *trading down* zijn commerciële strategieën waardoor het assortiment wordt verdiept. In het eerste geval wordt aan een bepaalde artikelengroep een hoger geprijsd artikel toegevoegd, in de verwachting dat daardoor de afzet van de reeds gevoerde lager geprijsde artikelen stijgt. De gedachte is dat de consumenten het duurdere goed als een prestatiegoed opvatten en hun aandacht richten op de bestaande goedkopere producten in afwachting van het vermogen ook het duurdere te kunnen kopen. Verscheidene automobielfabrieken hebben deze politiek toegepast om hun assortiment geleidelijk te verschuiven in de richting van een publiek met grotere koopkracht.

Trading down betekent dat de onderneming een lager geprijsd artikel aan de productenreeks toevoegt, daarbij speculerend op het prestige dat van de gevoerde duurdere producten in de range afstraalt. Deze politiek ziet men ook vaak in de auto-industrie toegepast. Men zou kunnen verwachten dat de fabrikant van de Zweedse Saab met een kleine auto in de middenklasse komt, zoals door andere merken al is gedaan. Het risico van trading down voor de onderneming is dat het prestige op de markt wordt geschaad. Dit risico kan worden beperkt door gebruik te maken van andere distributiekanalen en afwijkende reclamecampagnes.

Met de keuze omtrent breedte en diepte van het assortiment hangen kwaliteiten en prijzen van de te voeren goederen nauw samen. De verdieping van het assortiment brengt immers met zich mee dat uiteenlopende kwaliteiten worden aangeboden in uiteenlopende prijsklassen. Aan de uitbreiding van het assortiment zijn echter intern bedrijfseconomische grenzen gesteld. Elke nieuwe variant van een goed vereist speciale aandacht en meestal zijn de organisatorische mogelijkheden beperkt. Ook kostenoverwegingen spelen een rol van betekenis. Speciaal aan de vaste kosten dient aandacht te worden geschonken bij de discussie over de uitbreiding van het assortiment. Vaak worden deze bij de opstelling van het verwachte rendement van een verbreding of verdieping van het assortiment verwaarloosd. Een verhoging van de vaste kosten is het gevolg van het opnemen van een nieuw type in het assortiment omdat de logistiek anders dient te worden georganiseerd en een nieuw verkoopapparaat nodig is. Soms betekent de toevoeging van nieuwe artikelen dat de bestaande verkooporganisatie intensiever wordt gebruikt, zodat de verkoopkosten minder dan evenredig stijgen.

Uiteraard hangt het rendement niet alleen af van het effect op de kosten, maar ook van de verwachte opbrengsten. Op grond van de gedifferentieerdheid van de behoeftestructuur van de consumenten kan worden verwacht dat aan de vraagzijde krachten werken in de richting van een uitdijend assortiment. De regelmatige stijging van de koopkracht, als gevolg van de economische groei, maakt de consument gevoeliger voor subtiele kwaliteitsverschillen, hetgeen hoge eisen stelt aan de omvang van het assortiment van de producenten. Eisen die aan de andere kant gemakkelijker kunnen worden ingewilligd, naarmate de technische kennis op ruimere schaal wordt toegepast. De consument ziet kans tegen lage transactiekosten wereldwijd informatie te vergaren, waardoor ook nieuwe vraag ontstaat. Wijzigingen in de koopgewoonten van de consument hebben ook invloed op het assortimentsbeleid van de fabrikanten. De voorkeur voor de zogenaamde *one-stop shopping* brengt een geweldige uitbreiding van het assortiment van de supermarkt met zich, waardoor ook de grossier en de fabrikant hun assortiment dienen te herzien.

Zo worden breedte en diepte van het assortiment bepaald door de beslissingen van de ondernemer, waarbij enerzijds de technische mogelijkheden en de financiële offers en anderzijds korte- en langetermijnontwikkelingen op de markt in de beschouwing worden opgenomen. Ook het afstoten van producten dient voortdurend op de beleidsagenda te staan. Maar al te vaak ziet men dat zich in de markt moeizaam voortslepende artikelen te lang deel uit blijven maken van het assortiment. Een permanente vergelijking van prijs en variabele kosten is een eerste stap op de weg naar een optimaal assortiment. Eenvoudig is de beslissing omtrent afstoting niet. Rangschikt men de artikelen naar opklimmend brutowinstpercentage dan leert de praktijk dat 20 procent van de artikelen voor 80 procent van de totale brutowinst zorg dragen. Men spreekt zelfs wel van de 80/20-regel. Wat de kostencalculatie betreft zit men altijd met het probleem van de toerekening van de overheadkosten. De verdeling daarvan over de producten is enigszins willekeurig. Verder speelt het margebeleid van de fabrikant zelf een rol bij de mate van winstgevendheid van de afzonderlijke onderdelen van het assortiment. Ten slotte kan een artikel dat geïsoleerd beschouwd verliesgevend is, lokartikel zijn voor een winstgevend product.

In dit hoofdstuk zijn enkele aspecten van het productbeleid ter sprake gebracht. Zou men het vraagstuk op een formele wijze willen stellen, dan gaat het om de keuze van m producten uit n mogelijkheden ($m<n$), op een zodanige wijze dat de winst zo groot mogelijk is onder bepaalde randvoorwaarden. Van deze benadering hebben wij afgezien, omdat de gecompliceerdheid van de productenkeuze onvoldoende tot haar recht zou komen. Bezien wij het vraagstuk in de loop van de tijd, dan is het ook van belang welke reacties van de zijde van de concurrenten kunnen worden verwacht. Verder gaat het niet alleen om het beginnen van productieprocessen die nú aantrekkelijk zijn, maar vooral om het introduceren van artikelen die een zekere groei in de markt kunnen doormaken. Maximale winst op korte termijn kan strijdig zijn met de opbouw van een marktpositie op langere termijn.

Daar komt nog bij dat ook de andere elementen van de marketing mix niet uit het oog mogen worden verloren. Productbeleid en prijsbeleid liggen dicht bij elkaar. Uiteraard vloeien uit het principe van de maximale winst prijzen voort, maar denkbaar is dat tijdelijke prijzen worden vastgesteld die van de 'optimale' prijs afwijken, teneinde snel een deelmarkt te veroveren. Kortom, men kan bij wijze van eerste benadering het probleem van de optimale productenkeuze wel op de boven aangeduide formele wijze stellen, maar men zal toch al spoedig genoopt zijn met tal van kwalificaties rekening te houden die in het formele model niet of slechts met grote moeite kunnen worden verwerkt. Denken wij maar aan de verpakking. Artikel A kan op het eerste gezicht een goede kans maken, maar door beperktere verpakkingsmogelijkheden toch ongunstiger op de markt voor de dag komen dan artikel B, waaraan een gunstige verpakking kon worden meegegeven.

Dit alles neemt niet weg dat het ook bij commercieel-economische vraagstukken van belang is zo veel mogelijk te kwantificeren en te pogen beslissingsmodellen te ontwerpen. Met behulp van computers kan men tegenwoordig tal van situaties simuleren en hun eigenschappen bestuderen.

Prijsbeleid

Reeds eerder is uiteengezet dat aan de prijs een overwegende betekenis toekomt wanneer men denkt aan de marktvorm van zuivere mededinging, maar dat aandacht voor andere instrumenten van het commerciële beleid ontstaat wanneer de marktvorm van het oligopolie in ogenschouw wordt genomen. De heterogeniteit van markt en waar verruimt het speelterrein zodanig dat het product zelf instrument wordt. Daar de hantering van andere parameters dan de prijs ook de kosten beïnvloedt, is de samenhang tussen de prijs en andere elementen van de marketing mix zeer nauw. Daarom is het een vereenvoudiging ervan uit te gaan dat alle andere instrumenten hun optimale waarden reeds hebben ingenomen.

De economie heeft van oudsher het accent sterk gelegd op de prijsvorming. Door ook aandacht te geven aan de andere instrumenten van het commerciële beleid, wordt door de marketing de analyse van de economische verschijnselen wezenlijk verdiept en verrijkt. Maar ook wat het prijsbeleid zelf betreft kan de marketing nog een bijdrage leveren door aan te knopen bij de in de praktijk waarneembare methoden van prijszetting. Het model waarin bij de prijsvorming van het streven naar maximale winst wordt uitgegaan heeft betrekking op een bepaalde fase in de levenscyclus van het product, terwijl dan nog aanpassingen nodig zijn in verband met feitelijke en potentiële concurrentie. Tijdens de introductieperiode van het product kan een relatief lage prijs een middel zijn om snel een markt te veroveren, zodat op korte termijn van maximale winst wordt afgezien. Ook wanneer een product deel uitmaakt van een assortiment brengt het commerciële beleid met zich mee de winstmarge laag te stellen teneinde andere producten gemakkelijk te verkopen.

Dit alles betekent niet dat de verworvenheden van de algemene economie terzijde worden gesteld. Nog steeds komt bijzondere betekenis toe aan het sinds eeuwen in de economie gehanteerde denkschema van vraag en aanbod. Hoe men het ook wendt of keert, bij de vaststelling van de marktprijs worden enerzijds de kosten en anderzijds de afzetstructuur in ogenschouw genomen. En ook al is de dosering van beide elementen in de vastgestelde prijs niet altijd gemakkelijk te achterhalen, de onderscheiding blijft zinvol. Daarom beginnen wij met enkele opmerkingen over het verband tussen kosten en verkoopprijs.

Kosten en prijs

In de bedrijfseconomie treft men nog vaak de opvatting aan dat de integrale kostprijs de basis is voor de aanbiedingsprijs. Langzamerhand breekt het inzicht door dat deze opvatting een miskenning inhoudt van het tweerichtingsverkeer tussen kostprijs en verkoopprijs. Een modelleren van de kostprijs naar de 'haalbare' verkoopprijs komt evenzeer en wellicht zelfs veel vaker voor dan het bepalen van de verkoopprijs, uitgaande van de kostprijs. Bovendien wordt de kostprijs mede bepaald door de afzet en deze is weer van de verkoopprijs afhankelijk. Verder houdt de traditionele bedrijfseconomie onvoldoende rekening met de mogelijkheid dat een assortiment wordt aangeboden, zodat het verdelen van de algemene kosten tamelijk arbitrair is en het spreken over dé kostprijs een te eenvoudige voorstelling van zaken geeft. Ten slotte wordt te weinig rekening gehouden met de mogelijkheid de vaststelling van de prijs in de loop van de tijd te laten afhangen van de fase waarin het product in de levenscyclus verkeert.

Onder invloed van de methode van de *direct costing* wordt in de praktijk in toenemende mate aan de genoemde bezwaren tegemoetgekomen. Deze methode komt neer op een zodanige inrichting van de kostenadministratie dat de variabele kosten per product en per periode beschikbaar komen, terwijl de constante kosten rechtstreeks naar de winst- en verliesrekening gaan en niet worden toegerekend aan de individuele producten. Hoe men ook over deze methode denkt, in de commerciële praktijk groeit het besef dat niet zozeer van dé kostprijsberekening dient te worden uitgegaan, maar dat er veeleer behoefte is aan flexibele kostenopstellingen, afhankelijk van concrete probleemstellingen en situaties.

Een vorm van prijszetting die aansluit bij de traditionele bedrijfseconomische opvattingen omtrent de integrale kostprijs, is de opslagmethode. De prijs wordt dan bepaald door op de integrale kostprijs een vast opslagpercentage voor de winst te leggen. Wordt het opslagpercentage per product steeds even groot gekozen dan houdt de methode geen rekening met de markt en met zich wijzigende omstandigheden. Men redeneert typisch vanuit de interne bedrijfseconomische omstandigheden en slaat geen acht op wat zich buiten de onderneming op de verkoopmarkt voordoet. Hoort bij een lagere prijs een grotere afzet en derhalve een grotere productie, dan kan ook de kostprijs lager zijn.

De bezwaren worden voor een deel ondervangen door de methode op een flexibele wijze te hanteren, door de opslagpercentages regelmatig te herzien. De hoogte ervan kan dan zo worden vastgesteld dat met de prijselasticiteit van de afzet rekening wordt gehouden. Met name in het kader van het kortetermijnprijsbeleid kan de methode van het variabele opslagpercentage een belangrijke rol spelen, mits de aanpassingen aan gewijzigde marktomstandigheden voldoende snel plaatshebben.

Biedt de onderneming een assortiment aan, dan treden weer andere bezwaren aan het licht. Het leggen van een opslag op de integrale kosten per product houdt een prijsstelling van de producten in die berust op de willekeurige verdeling van de algemene kosten over de producten. Een variant van de opslagmethode is het vaststellen van de opslag in evenredigheid met de totale variabele kosten per eenheid product. Het voordeel hiervan is dat de willekeur met betrekking tot de verdeling van de algemene kosten is verwijderd. De naar voren gekomen bezwaren tegen een constant opslagpercentage dat geen rekening houdt met de huidige marktsituatie en de te verwachten ontwikkeling op de markt blijven echter onverkort gehandhaafd. Ook in dit geval wordt een verbetering bereikt door op een variabel opslagpercentage over te gaan.

Een eenvoudige stap op de weg naar een rechtstreekse confrontatie van kosten- en vraagaspecten bij de prijszetting wordt gevormd door de *break-evenanalyse*. Deze analyse komt neer op de vaststelling van de productie-omvang waarbij totale kosten en totale opbrengsten aan elkaar gelijk zijn, gegeven een bepaalde prijs. Uitgevers van boeken passen deze benadering nog al eens toe bij de bepaling van hun oplage, omdat zij uiteraard willen weten wanneer hun winstgevende verkoop begint. Door het *break-evenpunt* bij alternatieve prijzen te bepalen, krijgen zij een indruk van de

prijs die naar hun oordeel het beste aansluit bij hun verwachtingen omtrent het aantal te verkopen exemplaren.

Marktsituatie en prijszetting

De stelling dat bij het prijsbeleid de marktsituatie in aanmerking dient te
worden genomen is eenvoudiger op te schrijven dan toe te passen. Reacties op prijswijzigingen van concurrenten zijn mogelijk, maar ook een
expliciet of stilzwijgend vasthouden aan een bepaalde prijsstructuur.
Ook hebben wij aangeduid dat bij de prijszetting veelal rekening wordt
gehouden met potentiële concurrentie.

Men kan in de praktijk nog enkele vormen van prijspolitiek aantref-
fen. In de eerste plaats is het denkbaar dat de onderneming bewust niet
streeft naar maximale winst, maar naar een bepaald rendement van het
vermogen. Een prijspolitiek die wel wordt toegepast met het oog op een
snelle verovering van een belangrijk onderdeel van de markt is de *penetratiepolitiek*. De prijs wordt op een relatief laag niveau gesteld, teneinde snel
van een grote afzet verzekerd te zijn. Hoge eisen worden aan het distributiebeleid gesteld. In een volgend stadium, wanneer eenmaal een marktpositie is verworven, wordt een winstgevende prijs vastgesteld. Een dergelijke penetratiepolitiek veronderstelt dat de productiecapaciteit groot
genoeg is om aan de vraag te voldoen. Een voordeel kan zijn dat door de
grote productieomvang de kosten per eenheid lager worden. Verder is de
politiek alleen maar succesvol wanneer de afzet inderdaad erg gevoelig is
voor de prijs. Toetreding van potentiële concurrenten wordt door de penetratiepolitiek ontmoedigd.

Wanneer de toetreding erg moeilijk is en de prijselasticiteit betrekkelijk gering, wordt ook wel een tegengestelde politiek waargenomen, de
zogenaamde *afroompolitiek*. Dan wordt bij de introductie juist een relatief
hoge prijs vastgesteld, zodat een betrekkelijk kleine groep consumenten
wordt aangeboord. Goede voorbeelden worden gevormd door genees-
middelen en de routeplanner voor auto's. De prijs van deze goederen is
in het begin nog niet populair. Deze politiek ligt voor de hand wanneer
de productiecapaciteit beperkt is en de productiekosten per eenheid nog
niet zo gevoelig zijn voor een grote productie. In een volgend stadium

wordt de prijs verlaagd, zodat het product voor een grotere groep consumenten bereikbaar wordt.

Behalve deze vorm van prijsdiscriminatie in de tijd kent men nog andere gevallen van prijsdiscriminatie. Bekend is de discriminatie naar afnemers in de autohandel. Koper A houdt zich onbevangen aan de catalogusprijs, terwijl koper B, wetend dat afdingen mogelijk is, een lagere prijs betaalt. Bekend is ook het aanbieden van het goed tegen verschillende prijzen in geografisch gescheiden gebieden. De markten zijn dan min of meer gescheiden of er is sprake van een door onvolkomen kennis veroorzaakte onvolkomenheid van de markt.

Ten slotte doen zich nog speciale prijspolitieke problemen voor bij de vaststelling van de prijzen wanneer een assortiment wordt aangeboden. Zoals eerder naar voren kwam is het te eenzijdig per product naar de verhouding van kostprijs en verkoopprijs te kijken. De opbouw van het gehele assortiment dient in ogenschouw te worden genomen, zodat een harmonische prijsladder ontstaat. Dit is vooral van belang wanneer de onderlinge verwevenheid van de vraag naar de diverse goederen uit het assortiment erg groot is. De vraag naar goed A uit het assortiment kan in sterke mate afhangen van de prijs van B. Een dergelijke afhankelijkheid wordt met behulp van een kruiselingse elasticiteitscoëfficiënt weergegeven. Onderlinge verwevenheid treft men ook aan de productiezijde aan, zodat ook het toerekenen van de kosten per product een element van willekeur bevat. Voor de bepaling van de optimale prijsladder is een integrale visie op het assortiment noodzakelijk, in het kader van het totale commerciële beleid. Zoals reeds eerder naar voren kwam behoeft het geenszins commercieel onverantwoord te zijn, een van de producten te verkopen tegen een prijs die niet hoger of zelfs lager is dan de gemiddelde variabele kosten van dat product. Een dergelijke *loss-leader*-politiek past in het pousseren van een uitgebreid assortiment.

Kortingen

Handelskortingen of rabatten zijn differentiaties die de ondernemer toepast op zijn aanbiedingsprijs. Als zodanig is behandeling ervan in het kader van het prijsbeleid gerechtvaardigd, speciaal wanneer de korting wordt gegeven als een vergoeding voor de voortstuwingsactiviteit van de distributieschakels. Ter stimulering van deze activiteiten worden echter ook kortingen gegeven. Men zou deze rabatten kunnen bespreken bij het distributiebeleid hetgeen de samenhang van prijs- en distributiebeleid illustreert, vooral ook omdat de margeconcurrentie op het niveau van de tussenhandel veelal belangrijker is dan de prijsconcurrentie op de finale consumentenmarkt. Niettemin geven wij er de voorkeur aan de functionele rabatten en de prestatierabatten hier te bespreken.

De functionele kortingen worden gegeven als vergoeding voor het voorraad houden, het distribueren en krediet verlenen door de schakels in het distributieproces. Deze kortingen dienen uiteraard verband te houden met deze prestaties in de distributie. De wijze van distributie hangt af van de hoogte van deze kortingen. Tot de prestatierabatten behoren het kwantumrabat, de korting voor contante betaling, het omzetrabat en de seizoenkorting. Kwantumrabat houdt in dat de grossier een lagere inkoopprijs betaalt naarmate hij een grotere bestelling plaatst. Daar de bestelkosten betrekkelijk ongevoelig zijn voor de grootte van de bestelling, past het kwantumrabat in het stimuleren van een intensief gebruik van de productieve krachten in de onderneming. De korting voor contante betaling wordt gegeven ter stimulering van een snelle financiële afwikkeling van de transactie. Teneinde de verkoopactiviteit van de geledingen in de distributie zo hoog mogelijk op te voeren wordt aan het einde van een bepaalde periode een omzetbonus gegeven. Overschrijft de grossier een bepaalde omzet dan ontvangt hij een extra premie. Tegen het einde van het jaar hebben de autodealers vaak de neiging flinke kortingen aan de finale consument te geven. Kennelijk hangt dit samen met de hoogte van de omzetbonus die zijzelf in ontvangst hopen te nemen. Seizoenkortingen worden gegeven aan afnemers die in de minder drukke perioden van het jaar een order plaatsen.

Zowel de aard van de te verlenen korting als de omvang ervan maakt deel uit van het commerciële beleid. Daarbij valt een prijsaspect te onderkennen voorzover de korting een afwijking teweegbrengt tussen de officiële catalogusprijs en de nettoprijs. Daarnaast is echter vooral in het geding welke distributiewegen men wenst te bewandelen en in hoeverre men de verkoopactiviteiten wenst te stimuleren, gegeven bepaalde distributiekanalen.

In dit hoofdstuk is de prijs als instrument van de marketing ter sprake gekomen. Het prijsbeleid kan ondanks de vele vormen van *non price competition* zeker niet worden verwaarloosd. Het is een instrument dat in het kader van de marketing voortdurende aandacht verdient, vooral omdat het door tal van subtiele vertakkingen op de vele concrete situaties kan worden afgestemd. Dit betekent niet dat steeds eenduidige oplossingen kunnen worden aangegeven voor elke commerciële situatie. De keuze van de onderneming uit een aantal mogelijkheden blijft mede gebaseerd op het subjectieve oordeel omtrent verwachte ontwikkelingen. Of men bij de introductie van een goed de afroompolitiek dan wel de penetratie-politiek volgt hangt niet alleen van min of meer objectieve omstandigheden, zoals de dreiging van potentiële concurrentie, af, maar ook van het imago dat de onderneming op lange termijn wil opbouwen.

Tegen die achtergrond dient de prijspolitiek flexibel te kunnen reageren op de talrijke commerciële situaties die zich in de praktijk voordoen. Dit brengt met zich mee dat ook de kostenopstellingen een zekere mate van flexibiliteit behoren te vertonen. Men dient te beseffen dat afhankelijk van de termijn die in ogenschouw wordt genomen en afhankelijk van het tussendoel of einddoel dat wordt beoogd, de concrete kostencalculatie er anders uitziet.

Ten slotte nog een enkele opmerking over de psychologische aspecten van de prijs. Consumenten denken vaak dat een hoge prijs een garantie is voor een betere kwaliteit dan een lage prijs. Soms is dit inderdaad het geval. De prijs geeft dan niet alleen aan welk offer gebracht dient te worden om de beschikking over het goed te krijgen, maar fungeert tevens als kwaliteitsindicator. In weer andere gevallen fungeert een hoge prijs als statussymbool. Deze aspecten van de prijsvorming illustreren hoezeer ook het prijsbeleid is ingebed in het geheel van instrumenten van de marketing mix. Het reclamebeleid kan deze emotionele facetten van de prijsvorming onderstrepen dan wel trachten te verwijderen, afhankelijk van de commerciële strategie die wordt gevolgd.

Distributiebeleid

De aanbieder op de markt ziet zich voor de vraag gesteld welke weg zijn producten moeten afleggen, voordat zij de consument bereiken. De distributieweg kan kort zijn of lang met verscheidene schakels. Tussen fabrikant en consument treft men een groot aantal geledingen aan zoals grossiers, inkoopcombinaties, importeurs, agenten, makelaars en detaillisten. De structuur verschilt van bedrijfstak tot bedrijfstak, maar de functie van deze geledingen in het distributieproces is gelijkwaardig, namelijk de voortstuwing van het product naar de finale consument. Zonder verder in te gaan op de specifieke taken en verantwoordelijkheden die iedere groep in het distributieproces heeft, kunnen wij schematisch twee niveaus onderscheiden namelijk het groothandels- en het detaillistenniveau. In figuur 4 zijn de mogelijkheden weergegeven die zich dan kunnen voordoen.

De eenvoudigste distributieweg is de directe benadering van de consument door de fabrikant. De wijze waarop deze benadering kan plaatsvinden varieert van verkoop via eigen winkels, huis-aan-huisverkoop tot

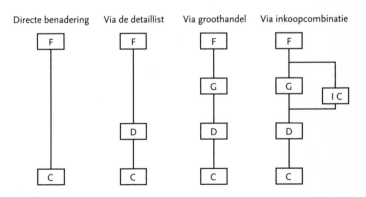

Figuur 4

postorderverkoop. Een in het oog lopend voordeel van deze werkwijze is de besparing op de marges, die de producent anders aan groothandel en detaillist afstaat. Daar staat tegenover dat men hogere verkoopkosten heeft. Ook het beheren van eigen winkels stuit vaak op moeilijkheden omdat de fabrikant niet volstaat met het verkopen van het eigen product, maar ook complementaire goederen voert.

In de praktijk komt het wel voor dat de fabrikant zich de weg naar andere distributiekanalen versperd ziet. De concurrentie beschikt dan over de mogelijkheid de voornaamste groothandels- en detaillistenpunten te beheersen. De producent heeft in dit geval geen andere keuze dan direct contact met de consument te zoeken. Normaler is het echter de weg via de detaillist te gebruiken. De detaillist is beter op de hoogte van de wensen van de consument dan de fabrikant.

Als de fabrikant besluit gebruik te maken van de handelsrelaties van de groothandel brengt dat met zich mee dat de beheersbaarheid van de verkoopbevorderende activiteiten afneemt. Overwegingen van financiële en organisatorische aard leiden ertoe dat de fabrikant niet zelf de aansluiting op de detaillisten realiseert. Het kiezen van een langere distributieweg met verscheidene tussenschakels vermindert het aantal relaties dat de fabrikant met zijn afnemers onderhoudt. De hieruit voortvloeiende besparingen op de factuurkosten en de mogelijkheid de relatie met de groothandel te intensiveren kunnen als voordelen worden beschouwd.

Aan de keuze van de distributieweg zijn grenzen gesteld. De beperkte financieringsmogelijkheden stellen een grens en kunnen de fabrikant ertoe brengen bepaalde financieringslasten naar de tussenhandel te verschuiven. Verder blijkt in het merendeel van de gevallen de organisatorische capaciteit van de onderneming te beperkt te zijn om het directe contact met de consument tot stand te brengen. Binnen het raam van deze omstandigheden kiest de producent een optimale distributieweg, waarbij een analyse van kosten en opbrengsten van elke variant noodzakelijk is. De analyse kan leren dat een onderneming reeds jarenlang via een minder efficiënt distributiekanaal afzet. Veranderingen blijken vaak niet eenvoudig tot stand te komen, hetgeen voor een deel het gevolg is van historische banden met de afnemers, waarvan een zekere onbeweeglijkheid in het distributieproces het gevolg is. Zo kunnen wijzigingen in het distributiebeleid op rendementsgronden wenselijk zijn, maar uit commercieel oogpunt niet haalbaar blijken. Zelfstandige detaillisten kunnen de producent dwingen zijn product niet direct aan de consument te leveren of gelijke verkoopcondities aan grootwinkelbedrijven te stellen. Ook op groothandelsniveau zijn spanningen te verwachten indien de fabrikant meent naast de groothandel ook rechtstreeks aan detaillisten te kunnen leveren.

De macht van de fabrikant op de markt bepaalt zijn strategie. De onderneming in een kleine markt kan direct aan de consument leveren. Naarmate de markt groeit, wordt het moeilijker deze directe benadering te volgen.

Ten slotte nog enkele opmerkingen over de selectiecriteria bij de keuze van het distributiekanaal.

In de eerste plaats dient de fabrikant zich een voorstelling te maken van het aantal kopers en de wijze waarop deze geografisch gespreid zijn. Voorts is een analyse met betrekking tot de aankoopfrequentie en de toepasbare verkoopmethoden van het product van groot belang. Een groot aantal kopers verspreid over een groot gebied impliceert een lange distributieweg. Het is eenvoudiger vierhonderd afnemers in de kop van Noord-Holland te bedienen dan honderd afnemers verspreid over het land.

De artikelen met een hoge aankoopfrequentie worden in kleine hoeveelheden door de consument aangeschaft, zoals sigaretten en aspirines. Bij deze artikelen is de beschikbaarheid van groot belang. De producent streeft naar een maximaal aantal verkooppunten voor zijn product. Het is ondoenlijk voor een sigarettenproducent al deze verkooppunten zelf te bevoorraden. De tussenhandel zal deze distribuerende taak van hem overnemen. Ook kan het product specifieke eigenschappen vertonen, die de keuze van de distributieweg beïnvloeden. Zo kan de beperkte houdbaarheid tot een korte en snelle distributiewijze nopen. Producten die een hoge graad van begeleiding vereisen, worden met zorg omringd – in de vorm van service en onderhoud – naar de consument geleid.

Het voeren van een exclusief product, bijvoorbeeld een dure Franse parfum, kan de producent doen besluiten gebruik te maken van een geselecteerde distributiewijze.

Verder zal de producent zich moeten overtuigen van de kwaliteit die de tussenhandel bezit bij de verkoop van zijn product: diens bekwaamheden verschillen ten aanzien van vervoer, opslag, informatietechnologie en promotie.

De keuze van het assortiment, het aantal concurrerende artikelen in het assortiment, de kredietmogelijkheden en de frequentie van de bezorging bij de distribuerende handel zijn factoren die de fabrikant in beschouwing neemt.

De beslissing omtrent directe dan wel indirecte bewerking van de detailhandel, berust – zoals elke ondernemersbeslissing – op kwantitatieve en kwalitatieve overwegingen. Niet elk aspect dat in ogenschouw wordt genomen is kwantificeerbaar; wij zullen ons hier overwegend tot de kwantitatieve facetten beperken. Het ligt dan voor de hand de keuze vooral te bezien vanuit het oogpunt van de winst, ook al dient daaraan onmiddellijk te worden toegevoegd hoezeer juist bij dit type vraagstukken het onderscheiden van winstmaximalisatie op korte en lange termijn van belang is. Het opbouwen van een marktpositie kan inhouden dat de wijze van distributie die op korte termijn de grootste bijdrage tot de winst levert niet wordt gekozen, omdat men van oordeel is dat de continuïteit van de winst veeleer gewaarborgd is wanneer een alternatief wordt gekozen. Een dergelijke conclusie kan ook het gevolg zijn van het in totaliteit bezien van de diverse verkoopinstrumenten. Terwijl bij de geïsoleerde behandelingswijze de keuze valt op bewerking van de detailhandel via grossiers, is het niet uitgesloten dat de rechtstreekse bewerking in aanmerking komt, wanneer ook het wapen van de reclame in stelling wordt gebracht. Niettemin geldt dat ook in die gevallen de geïsoleerde analyse van belang is. De omstandigheid dat de uiteindelijke beslissing mede op kwalitatieve gronden wordt genomen, ontslaat ons niet van de plicht alles te kwantificeren wat kan worden gekwantificeerd.

Daarbij is het van belang ons rekenschap te geven van de elementen die in de probleemstelling gevoelig zijn voor het direct of indirect bewerken van de detailhandel. Zo is het minder zinvol lang stil te staan bij de consumentenprijs van het beschouwde artikel, omdat mag worden aangenomen dat deze in beide gevallen dezelfde is. Wel is het van belang in herinnering te roepen dat wij uitgaan van een oligopolistische situatie op de verkoopmarkt. Dit betekent dat de afzet van de producent een bepaald percentage uitmaakt van de afzet die de oligopolisten weten te behalen. Eenvoudigheidshalve nemen wij aan dat ondanks de heterogeniteit van de goederen, de marktaandelen kunnen worden bepaald door de individuele afzet te vergelijken met de totale afzet. Deze veronderstelling is verantwoord zolang men prijswijzigingen van de aanbieders buiten beschouwing laat.

Laten wij ervan uitgaan dat de consumenten in de beschouwde periode een vraag uitoefenen ter grootte van Q naar de door de oligopolisten aangeboden goederen. Daar deze vraag zich richt op de detailhandel is er geen aanleiding aan Q uiteenlopende waarden toe te kennen, afhankelijk van de wijze waarop een producent zijn goed distribueert. Wel dient uitdrukkelijk de mogelijkheid te worden onderkend dat het aandeel van een individuele producent in de totale afzet afhankelijk is van de wijze van distributie.

Rechtstreekse levering kan tot een groter marktaandeel leiden dan indirecte levering.

Nog om een tweede reden behoeft het marktaandeel niet gelijk te zijn in de gevallen van directe en indirecte levering. Wanneer in totaal n detaillisten voor levering in aanmerking komen, bestaat de mogelijkheid dat deze via de grossiers allen worden bereikt, terwijl rechtstreekse levering door de onderneming kan inhouden dat het efficiënter is een aantal winkeliers niet te bezoeken. Voor opneming in het bezoekprogramma komen in beginsel slechts de verkoopadressen in aanmerking waarvoor geldt dat de verwachte opbrengst groter is dan de kosten van levering.

Wij gaan nu na in hoeverre de kosten afhankelijk zijn van de wijze waarop de distributie van het goed plaatsheeft. Door ervan uit te gaan dat de productiekosten per eenheid constant zijn, zijn zij ongevoelig voor de keuze tussen levering via grossiers en rechtstreekse levering, omdat eventuele afzetverschillen niet leiden tot verschillen in de productiekosten per eenheid. Speciaal de verkoopkosten worden in ogenschouw genomen. Deze verkoopkosten splitsen wij in vertegenwoordigerskosten en overige verkoopkosten. Tot deze laatste behoren onder meer de kosten van verwerking van een bestelling. Wij nemen aan dat de vertegenwoordigerskosten en de overige verkoopkosten per eenheid constant zijn. Dit houdt in dat variaties in het verkoopkwantum deze kosten per eenheid niet beïnvloeden. Verder dient rekening te worden gehouden met de korting voor de detailhandel en de korting voor de grossier. Uiteraard is van deze laatste korting geen sprake wanneer de fabrikant rechtstreeks levert aan de detailhandel. Gemakshalve wordt uitgegaan van de in de praktijk meest voorkomende situatie dat de winkeliersprijs bij directe en indirecte levering gelijk is. Wij nemen verder aan dat deze kortingen op een vast bedrag per exemplaar kunnen worden gesteld.

Het rabat is een beloning voor de door de schakels in het distributieproces verleende diensten. De aard en omvang van deze diensten verschillen niet alleen van branche tot branche, maar ook van grossier tot grossier in dezelfde bedrijfstak. Hier beperken wij ons tot het geval van een vast rabat per eenheid.

Ten slotte dient naast de kosten die in totaal recht evenredig zijn met de afzet, zoals de vertegenwoordigerskosten, aandacht te worden geschonken aan de kosten die niet rechtstreeks samenhangen met de variaties in de afzet: de constante kosten. Uiteraard dient men zich ook nu te beperken tot de kosten die voor de onderhavige probleemstelling relevant zijn. Zo kan worden opgemerkt dat de met het leidinggeven samenhangende kosten aanzienlijk hoger zullen zijn wanneer de onderneming rechtstreeks levert, dan wanneer de distributie via de grossier plaatsheeft. De organisatorische procedures zijn in een onderneming eenvoudiger wanneer grossiers worden ingeschakeld. Men kan er derhalve van uitgaan dat de constante kosten bij directe levering veel groter zijn dan bij indirecte levering.

Op grond van deze gegevens en veronderstellingen is het mogelijk vast te stellen wanneer rechtstreekse en wanneer indirecte levering geboden is. Een dergelijke kwantitatieve vaststelling heeft altijd het karakter van een voorlopig advies aan de leiding van de onderneming. Uit het oogpunt van het totale ondernemingsbeleid kunnen er altijd gronden zijn af te wijken van de uitkomst van een berekening.

Keuze van detaillisten

Wanneer de producent meent dat hij door een persoonlijke benadering kan bewerkstelligen dat zijn marktaandeel wordt vergroot, dan valt de keuze ten gunste van rechtstreekse levering uit, met name wanneer dit ook uit kostenoogpunt verantwoord is. Een nauwkeurige specificatie van de verwachte opbrengsten en kosten vereist een uitspraak over de wijze waarop en de mate waarin men de detailhandel in de verkoop betrekt, zo men tot uitschakeling van de grossiers besluit.

Enerzijds bestaat de mogelijkheid alle detaillisten van het artikel te voorzien, anderzijds wordt gepoogd een zekere mate van exclusiviteit op te bouwen door slechts aan bepaalde detaillisten te leveren. De levering aan alle detaillisten houdt in dat ook winkeliers van het goed worden voorzien, die zo weinig verkopen dat de verkoopinspanningen van de fabrikant niet opwegen tegen de verwachte opbrengsten. In het andere geval heeft selectie zodanig plaats dat ook per verkooppunt rekening wordt gehouden met de verhouding van de verwachte opbrengsten en de kosten van de bewerking van de detaillist. Van de criteria die worden toegepast bij de selectie van de winkeliers, is vooral het criterium van een minimumordergrootte van belang. Een goede toepassing hiervan noopt tot een kwantitatieve analyse van de omzetten van de detaillisten.

Aan de hand van externe gegevens wordt een betrouwbare schatting van de afzetmogelijkheden gemaakt. De schatting van de voor de onderneming bereikbare afzet kan worden gebaseerd op de opbouw van het assortiment, de gevoerde merken van de concurrentie, de standing van de buurt van vestiging en de personeelssterkte.

Meestal is het voldoende wanneer deze gegevens het mogelijk maken enkele klassen te onderscheiden. De schatting van de afzet per adres en per jaar wordt beperkt tot de aanduiding van een van de volgende afzetklassen: de winkels waar de haalbare afzet kleiner is dan tweehonderd stuks, de winkels waar de haalbare afzet ligt tussen tweehonderd en vierhonderd stuks, enzovoort. Een voorbeeld van een dergelijke frequentieverdeling is in tabel 6 op pagina 116 gegeven.

Van belang is een onderzoek naar de vraag hoe hoog het percentage van de winkels is dat voor een bepaald percentage van de afzet zorg draagt. Een dergelijke analyse van de afzetconcentratie leert vaak dat een betrekkelijk groot deel van de afzet is geconcentreerd in een relatief gering aantal vestigingen. De in tabel 7 vermelde gegevens worden daartoe in een geaccumuleerde relatieve frequentieverdeling weergegeven.

Deze cijfers zijn in de grafiek op pagina 117 gebruikt om de afzetconcentratiecurve te construeren. De grafiek leert dat 70 procent van de potentiële afzet wordt bereikt door 40 procent van de detaillisten in het bezoekprogramma op te nemen (punt s). Zou men 90 procent van de haalbare afzet willen verwezenlijken dan dient men meer dan 65 procent van alle detaillisten te bewerken (punt R). Uit deze gegevens kan nog niet

Tabel 7 Frequentieverdeling

Afzetklassen	Aantal	Potentiële afzet per klasse en per jaar
< 200	400	40.000
200- < 400	300	90.000
400- < 600	160	80.000
600- < 800	100	70.000
800- < 1200	40	40.000
Totaal	1000	320.000

Tabel 8 Geaccumuleerde frequentieverdeling

Afzetklasse	Aantal in %	Geaccumuleerde totale afzet in %
> 200	60	87,5
> 400	30	59,4
> 600	14	34,4
> 800	4	12,5
> 1200	0	0

worden afgeleid hoever men met de penetratie van de markt dient te gaan. Men kan echter wel vaststellen dat het maximeren van het markt-aandeel ertoe dwingt bijna 40 procent van de detaillisten, die ieder af-zonderlijk een kleine order plaatsen, te verwerken met het oog op onge-veer 10 procent van de afzet. Evenzeer als het oogmerk van het maximali-seren van de winst, behoeft derhalve ook het doel het marktaandeel te willen vergroten in de praktijk nadere uitwerking.

Zo kan men zich voorstellen dat een analyse van verwachte opbreng-sten en kosten leert dat alle winkels waarvan wordt verwacht dat zij niet meer dan vierhonderd stuks per jaar zullen afnemen, op grond van een te geringe of negatieve bijdrage tot de winst buiten beschouwing blijven. Volgens het bovenstaande voorbeeld neemt de ondernemer niet meer dan 30 procent van alle detaillisten in het bezoekprogramma op. Van de potentiële afzet verwezenlijkt de onderneming ongeveer 60 procent. Zij neemt dan met een geringer marktaandeel genoegen dan wanneer zij al-

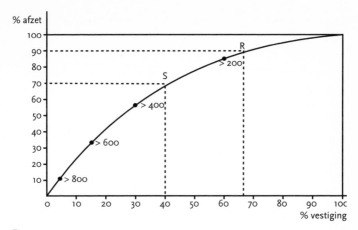

Figuur 5

le detaillisten – coûte que coûte – bewerkt.

Het absolute aantal te bewerken adressen bedraagt nu driehonderd. Nagegaan dient te worden of de verkoopstaf van de onderneming wel berekend is op de bewerking van een dergelijk aantal adressen. Stel dat elk verkoopadres in de beschouwde periode van een jaar vijf keer door een vertegenwoordiger wordt bezocht. Neem verder aan dat elke vertegenwoordiger vijfhonderd bezoeken per jaar aflegt. In totaal dienen nu 1500 bezoeken te worden afgelegd, zodat met drie vertegenwoordigers wordt volstaan.

Logistiek

De laatste jaren bestaat er in de marketing meer aandacht voor de logistieke kant van de distributie, wanneer eenmaal de keuze van de distributiekanalen is gedaan. Bij de logistiek gaat het erom de juiste hoeveelheden van de juiste goederen op het juiste tijdstip op de juiste plaats te krijgen. Deze veelomvattende probleemstelling is vergelijkbaar met de militaire logistiek. Wanneer Albert Heijn via televisiereclame op vrijdagavond aankondigt dat er op zaterdag in al zijn winkels speciale hammen te koop zijn, dienen de winkels in het gehele land op zaterdag in voldoende mate over deze speciale hammen te beschikken. Daartoe dienen beslissingen te worden genomen omtrent de grootte van de voorraad en de optimale methode van vervoer. Afhankelijk van de plaats waar de hammen zich in de startsituatie bevinden doen zich ten aanzien van vervoer verscheidene mogelijkheden voor, waaruit met behulp van de methode van programmering een keuze kan worden gedaan, zodat de totale vervoerskosten zo laag mogelijk zijn. Voor een industriële onderneming betreffen de vraagstukken van de logistiek niet alleen het beheersen van de vervoersstromen van de gerede producten, maar ook de afstemming van de grondstoffenvoorraden op de ontwikkeling van de verkopen. Ook voor de grossier doet zich de vraag voor van de optimale hoeveelheid die hij van elk goed bestelt in verband met zijn afzet. Door de moderne software worden deze optimale bestellingen geautomatiseerd door rekening te houden met voorraadkosten en bestelkosten. De oplossing van logistieke vraagstukken is tegenwoordig volledig afhankelijk van de informatiestromen die door de computer op het scherm zichtbaar worden. Valt de computer uit dan stort ook de logistiek in.

De vertegenwoordiger

De vertegenwoordiger kwam reeds ter sprake. Strikt genomen werd daarmee de grens overschreden tussen het distributiebeleid in de zin van keuze van de distributiekanalen en het persoonlijk stimuleren van de verkopen. Dit is welhaast onvermijdelijk. Met de keuze van het product, respectievelijk het assortiment, de prijzen en het rabatsysteem van de distributiekanalen komen de orders nog niet binnen. De producten moeten ook onder de aandacht van de potentiële afnemers komen, terwijl bovendien de tussenschakels geïnteresseerd dienen te worden. Behalve door reclame, waarvan de voornaamste aspecten in het volgende hoofdstuk aan de orde komen, geschiedt dit door de persoonlijke begeleiding van de vertegenwoordiger.

Afhankelijk van de gekozen distributieweg bezoekt de reiziger de grossiers of de detaillisten. Soms wordt ook rechtstreeks aan de consumenten verkocht, de huis-aan-huisverkoop. Niet zelden worden bij deze vorm van verkoop vrouwen ingeschakeld. Door een persoonlijk gesprek kan zij de artikelen van de onderneming onder de aandacht brengen. Bovendien krijgt zij informatie omtrent de reacties van wederverkopers en consumenten naar aanleiding van de producten. Voor de meeste ondernemingen geldt ook dat het optreden van de vertegenwoordiger een onmisbaar element is in de marketing mix.

De kosten van een vertegenwoordigersapparaat zijn in de regel hoog. Het is ook begrijpelijk dat men de vertegenwoordiger op een zo efficiënt mogelijke wijze tracht in te zetten. Een van de methoden daartoe is de rayonering. De totale markt wordt geografisch onderverdeeld, zodat iedere vertegenwoordiger een bepaald rayon voor zijn of haar rekening neemt. Daardoor wordt de markt intensiever bewerkt, terwijl ook de tijd van de verkopers zo veel mogelijk is bezet. Wanneer de verkopers in elke periode een bepaalde kring van relaties bezoekt, kan de rayonering nog worden aangevuld met een vooraf uitgestippelde routeplanning.

In dit hoofdstuk is een drietal facetten van het distributiebeleid ondergebracht, namelijk de keuze van de distributiekanalen, de logistiek en de verkoopbevordering. Wat dit laatste betreft is speciaal gedacht aan de stimulans die uitgaat van een persoonlijke bewerking van de markt, omdat tot op zekere hoogte alle behandelde instrumenten van de marketing mix de stimulering van de verkopen beogen.

Meer in het bijzonder zij er echter nogmaals op gewezen dat het beïnvloeden van de tussenschakels in het distributieproces ook kan geschieden door het rabat- en margebeleid. Een stimulans kan ook uitgaan van het zo kort mogelijk houden van de levertijden. Verder kan men denken aan het beschikbaar stellen van displaymateriaal en het organiseren van speciale acties, waardoor het product bijzondere aandacht krijgt.

Het spreekt welhaast vanzelf dat de meeste ondernemingen over een uitgebreide verkooporganisatie dienen te beschikken om hun producten aan de man te brengen. Er doen zich in dit opzicht enkele organisatorische vragen voor, waarvan de behandeling buiten de opzet van dit boek valt.

Praktische illustratie

Een meubelfabrikant signaleerde belangrijke veranderingen in de distributiewijze van meubelen. Zijn eigen distributie vindt plaats direct naar de meubeldetaillisten, onder andere specifieke meubelzaken, warenhuizen en woninginrichters et cetera.

Andere meubelfabrieken echter maken naast deze distributie ook gebruik van:

a het verkopen aan consumenten via hun fabriekstoonzalen;
b het leveren aan grossierstoonzalen, waar via bemiddeling van de detaillist de consument kan kopen.

Een en ander is aanleiding voor de fabrikant zijn huidige distributiestructuur aan een onderzoek te onderwerpen. Hij verleent opdracht aan een extern marktonderzoeksbureau.

Doel van het onderzoeksprogramma

Samenvattend werd de doelstelling van het onderzoek als volgt geformuleerd:

– wat is het relatieve belang van verschillende distributiemethoden in de totale verkoop van meubelen;
– wat is de instelling van meubeldetaillisten tegenover de verschillende wijzen van inkoop van meubelen. Dit vooral ten aanzien van prijsstelling, marges en problemen rondom het voorraad houden;
– waar koopt de consument meubelen, op welke wijze oriënteert hij zich bij de aanschaf van meubelen en naar welke vorm van oriëntatie en aanschaf gaat zijn voorkeur uit.

Het onderzoeksprogramma bestaat uit twee delen:

– een onderzoek bij meubeldetaillisten;
– een onderzoek bij finale consumenten (consumptiehuishoudingen).

Probleemstellingen

A *Detaillistenonderzoek*
De belangrijke vraagpunten zijn hier:

- op welke wijze koopt de voorraadhoudende detaillist meubelen in;
- op welke wijze verkopen voorraadhoudende en niet-voorraadhoudende detaillisten (bijvoorbeeld uit voorraad, door middel van fotoboeken, via fabriekstoonzalen, via grossierstoonzalen);
- wat is de instelling van de detaillisten ten opzichte van verkoop via fabriekstoonzalen, grossierstoonzalen, vooral met betrekking tot de marges welke zij voor de bemiddeling bij deze verkoop verkrijgen;
- wat is de instelling van de detaillisten tegenover de fabrikant, zijn prijzen, productassortiment, levertijden en dergelijke en hoe staan zij tegenover een eventuele verandering in de distributiewijze van genoemde fabrikant (die dus tot dan alleen direct aan de detaillist had geleverd);
- wat is de rol van de collectieve inkoopverenigingen in het inkoop- en verkooppatroon van de detaillisten.

B *Consumentenonderzoek*
Centrale vraagpunten in dit onderzoek hebben betrekking op:

- de motivering rondom de aanschaf van meubelen (bijvoorbeeld huwelijk, verhuizing, vernieuwing, et cetera);
- de wijze waarop men zich bij de laatste inkoop georiënteerd heeft (bijvoorbeeld hoeveel winkels heeft men bezocht, wat voor type winkels of toonzalen waren dat, over welke tijdsperiode heeft men zich georiënteerd);
- waar heeft men uiteindelijk gekocht;
- waar gaat de voorkeur naar uit.

Enkele onderzoeksresultaten

Uit het onderzoek bij detaillisten is gebleken dat verkoop uit voorraad voor hen de voorkeur heeft, maar dat de aanwezigheid van grote grossierstoonzalen positief wordt gewaardeerd, vooral bij detaillisten die slechts een beperkte toonruimte hebben. Men kan de klant, die in vele gevallen ook vloerbedekking, gordijnen en dergelijke aanschaft, toch van dienst zijn bij de aankoop van meubelen. Een dergelijke aankoop bij grossierstoonzalen levert de detaillist een redelijke marge op, waarvoor hij bijzonder weinig hoeft te doen. De grote voorraadhoudende detaillisten zijn sterk gekant tegen grossierstoonzalen, die hen direct beconcurreren. Indien de marge van de grossierstoonzalen aan de detaillisten wordt verlaagd, blijft toch nog een belangrijk deel van de kleinere detaillisten deze toonzaal trouw mits deze voldoet aan minimumeisen, zoals omvang van het assortiment, kwaliteit, redelijke prijsstelling, goede levertijden en service. Het is duidelijk dat een fabrikant die zich met zijn distributiebeleid voornamelijk richt op voorraadhoudende detaillisten, enigszins beperkt. Of deze beperking verstandig is, moet bedrijfseconomisch worden bekeken. Uit het consumentenonderzoek blijkt dat de consument een sterke voorkeur heeft voor zaken met een zéér uitgebreid assortiment.

Reclamebeleid

De reclame is het opvallendste onderdeel van de marketing van de onderneming. Dagelijks nemen wij kennis van tal van advertenties, die in vrijwel elke krant zijn opgenomen. Ook via de radio worden allerlei boodschappen van het bedrijfsleven aan ons kenbaar gemaakt. Elke avond kan men de indringende televisiereclame op zich laten inwerken. In de bioscoop wordt de hoofdfilm meestal pas vertoond nadat de bezoeker kennis heeft kunnen nemen van een reclamefilmpje. Op de grote Italiaanse verkeerswegen kan men niet rijden zonder tal van reclameborden waar te nemen. Langs de Nederlandse wegen is ook de gewoonte ontstaan het straatbeeld op te luisteren met zogenaamde billboards. Soms ontstaat discussie over erotische beelden die de aandacht van de bestuurders van auto's afleiden, waardoor de verkeersveiligheid in gevaar komt. In onze brievenbus treffen wij tal van folders, brieven en andere drukwerkjes aan. Met spreekt in dit verband wel eens van direct mail. Ten slotte wordt in de winkels op uiteenlopende manieren reclame gemaakt.

Steeds komt de reclameactiviteit erop neer dat de producent of verkoper een boodschap richt tot een afgebakende groep van afnemers, met het oogmerk de aanschaf van het door de onderneming gevoerde product uit te lokken. Er zit altijd een element van overreding in de reclame. Vaak wordt gesuggereerd dat men zichzelf tekortdoet door een bepaald product niet aan te te schaffen. In het kader van de productdifferentiatie speelt de reclame veelal de rol tal van niet-wezenlijke verschillen tussen de goederen te accentueren.

Naast de onmiskenbare suggestieve facetten van de reclame, die op de bovenbouw van de goederen betrekking hebben, dient de primaire functie van de reclame, het geven van informatie, uitdrukkelijk te worden onderkend. De producent deelt mede welke artikelen hij heeft aan te bieden en wat de typische karakteristieken van zijn assortiment zijn. In een maatschappij waarvan de welvaart tot uiting komt in de welhaast onafzienbare stroom van nieuwe goederen, is de reclame ook niet weg te denken zonder tot ernstige communicatiestoornissen en reële welvaartsverliezen te leiden.

De uiteenlopende eigenschappen van de reclame als instrument van het commerciële beleid komen vooral tot hun recht op een oligopolistische markt. Als wapen in de concurrentiestrijd is dit instrument in eerste aanleg minder agressief dan een prijsverlaging, waardoor de positie van de concurrenten rechtstreeks en onmiddellijk worden aangetast. Het is daarnaast flexibeler dan de andere besproken instrumenten van de marketing mix. Advertenties kunnen groot en klein zijn, al of niet in kleur, meer of minder frequent worden geplaatst en qua inhoud zeer afwisselend zijn. Wat deze laatste mogelijkheid betreft is vooral van belang of de reclame beoogt een zekere voorkeur voor het product in het algemeen te bewerkstelligen dan wel of het erom gaat de verkopen te stimuleren ten koste van de afzet van een concurrent. De soepele werking van de reclame bewijst ook goede diensten wanneer een van de andere instrumenten wordt gebezigd: prijsverlagingen en kwaliteitsverbeteringen kunnen meestal met vrucht worden ondersteund door een reclamecampagne.

In het hoofdstuk Marktvormen hebben wij gezien dat de afzet van een oligopolistische aanbieder gegeven de preferenties van de consumenten afhankelijk is van zijn prijs en de prijzen van de concurrenten, het aantal consumenten en de hoogte van de inkomens van de consumenten. De reclame beïnvloedt deze samenhang via de consumentenvoorkeuren. Door een verandering van de preferenties van de consumenten kan de *mate* waarin de afzet afhangt van de genoemde factoren zich wijzigen, terwijl daarnaast het absolute niveau waarop de afzet zich beweegt kan veranderen.

De reclamecampagne kan ertoe leiden dat de consumenten voortaan bij dezelfde prijs een grotere hoeveelheid van het betrokken artikel kopen. De afzetfunctie komt op een ander niveau te liggen. De grafiek van de afzetfunctie verschuift naar rechts. De vergroting van de afzet kan een gevolg zijn van de bereidheid van de consumenten voortaan een groter deel van hun inkomen aan het artikel te besteden. De betrokken markt ondergaat in zijn geheel een uitbreiding. Men spreekt wel van het uitbreidingseffect van de reclame. Het is ook denkbaar dat de toeneming van de afzet van de ene aanbieder ten koste gaat van de afzet van een concurrent. De reclame beïnvloedt de consumentenpreferenties zo dat de consumenten het ene artikel gaan substitueren voor het andere. In dit geval wordt gesproken van het substitutie-effect van de reclame. Naast een evenwijdige verschuiving van de grafiek van de afzetfunctie door de reclame is een niet-evenwijdige verschuiving mogelijk.

Men kan zich ook voorstellen dat met de reclamecampagne juist het omgekeerde wordt beoogd: een vermindering van de prijsgevoeligheid. Dit houdt in dat de kopers zich na de reclameactie minder door de prijs dan door de kwaliteit, de verpakking en de andere aspecten van het product laten leiden. Wij zien dat dezelfde prijsdaling na de reclamecampagne de afzet in geringere mate doet toenemen dan ervoor. Het hanteren van de reclame is in dit geval niet gericht op het prijsbeleid maar op het gebruik van de andere instrumenten van de marketing mix, speciaal met het oog op de productdifferentiatie.

In de praktijk is het niet altijd eenvoudig om precies vast te stellen op welke wijze de afzetfunctie door de reclame wordt beïnvloed en in hoeverre van uitbreidings- en substitutie-effecten sprake is. Meestal is slechts een beperkte interval van de afzetfunctie bij benadering bekend, terwijl de afzet ook verandert door de bij de analyse constant gedachte factoren. Voor de uitstippeling van het reclamebeleid is dit niet zo ernstig als het op het eerste gezicht lijkt. De belangrijke les die uit het bovenstaande kan worden geleerd houdt in, zich bij de opstelling van de reclameboodschap nauwkeurig rekenschap te geven van het doel dat men met de campagne op het oog heeft. Wanneer men het product prijsgevoeliger wenst te maken komt een heel andere boodschap voor de dag dan wanneer juist een grotere afhankelijkheid van de prijs wordt beoogd. Bovendien blijkt het reclamebeleid nauw verweven te zijn met de rest van het commerciële beleid. Steeds dient de onderlinge samenhang van de instrumenten in het oog te worden gehouden.

Reclame en marktaandeel

Tot zover werd afgezien van het oligopolistische karakter van de meeste marktsituaties. Er werd overwegend net gedaan alsof er maar een aanbieder was. Wij zullen ons er nu expliciet rekenschap van geven dat in de meeste gevallen elke aanbieder slechts een deel van de markt aan zich kan trekken, zijn marktaandeel. Dit marktaandeel kan worden bepaald door de afzet x_i van aanbieder i uit te drukken in een percentage van de gezamenlijke afzet. Deze totale afzet is gelijk aan

$$x_1 + x_2 + x_3 + \dots x_n,$$

aangenomen dat er n aanbieders op de markt optreden. Eventueel kunnen de marktaandelen ook in bedragen worden uitgedrukt. Laten we de marktaandelen q_i noemen.

Naar analogie van het begrip marktaandeel kan men over reclameaandelen spreken. Onder het reclameaandeel verstaan wij dan de verhouding van het reclamebudget van aanbieder i, R_i en het totale door de aanbieders voor reclame uitgegeven bedrag dat gelijk is aan

$$R_1 + R_2 + R_3 + \dots R_n, = R$$

Laten we deze reclameaandelen R_i/R aangeven met de letter r_i.

Een belangwekkende illustratie hiervan wordt gevormd door een Amerikaans onderzoek dat op achttien marktgebieden betrekking heeft. Voor een bepaalde periode beschikt men over de reclame- en marktaandelen van achttien geografisch gescheiden gebieden. De gegevens zijn in figuur 6 op pagina 127 weergegeven.

De grafiek leert dat van een zekere samenhang tussen marktaandelen en reclameaandelen kan worden gesproken. De samenhang vertoont echter enkele interessante trekken. In de eerste plaats blijkt dat een onderneming ook zonder reclame te maken in de marktgebieden een aandeel van ongeveer 10 procent kan veroveren. Het heeft nauwelijks zin met een reclameaandeel van minder dan 10 procent op de markt te opereren, want dan blijft het marktaandeel in de buurt van 10 procent. Wil men het marktaandeel boven de 10 procent omhoog stuwen dan zal ook het reclameaandeel minstens 10 procent moeten bedragen. In een oligopolistische markt geldt blijkbaar dat men voldoende hard moet schreeuwen om te worden gehoord.

Terwijl de in de figuur gebezigde cijfers betrekking hebben op een be-

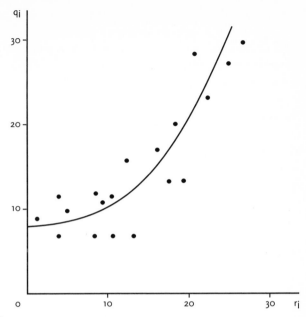

Figuur 6

paalde periode kan men zich ook voorstellen dat men voor een reeks van jaren beschikt over marktaandelen en reclameaandelen. Een complicatie is uiteraard wel dat in de loop van de tijd ook andere instrumenten van de marketing mix een wijziging ondergaan. Daarnaast bestaat de mogelijkheid dat het effect van de reclame in de loop van de tijd na-ebt. Dit betekent dat in tal van gevallen de reclame niet alleen onmiddellijk nut afwerpt doch ook na een zekere vertraging. De afzet in het jaar 2002 hangt niet alleen af van de in dat jaar gevoerde reclame, maar ook van de in de jaren 1999, 2000, 2001... voor reclame *uitgegeven bedragen.*

Reclamemedia

Tot zover spraken wij over reclame in het algemeen. Er is echter een grote verscheidenheid van soorten reclame. In de eerste plaats kennen wij de advertenties in kranten, weekbladen, tijdschriften en andere periodieken: de persreclame. In tegenstelling tot landen zoals Engeland en Frankrijk bestaat in Nederland de gewoonte op een dagblad en/of weekblad geabonneerd te zijn. De laatste jaren neemt het aantal vaste abonnementen echter af. De losse verkoop wordt relatief belangrijk. Een adverteerder die in een van de grote landelijke dagbladen een advertentie plaatst, is er niettemin van verzekerd dat een groot aantal potentiële consumenten wordt bereikt. Toch blijft het voor een grote mate van doeltreffendheid noodzakelijk dat nauwkeurig wordt nagegaan welke afnemers een bepaalde krant lezen. De Volkskrant wordt nu eenmaal door andere groepen uit de samenleving gelezen dan de NRC. Soortgelijke overwegingen gelden bij de keuze tussen dag- en weekbladen, en die tussen landelijke en streekbladen.

Terwijl het bij persreclame aankomt op het lezen en visueel verwerken van reclameboodschappen, gaat het bij radioreclame om het aanhoren van een commerciële mededeling. Dit stelt uiteraard eisen aan de wijze waarop de boodschap wordt kenbaar gemaakt; het maken van geluid staat centraal. Door vlak voor en vlak na de nieuwsuitzendingen radioreclames te maken wordt een zeer groot en rijk geschakeerd publiek bereikt. Hetzelfde geldt voor de meest indringende vorm van reclame: de televisiereclame. Hierin spelen geluid, tekst en beweging een rol. Het ontwerpen van de *commercial* vereist een specifieke deskundigheid. Tegenover de grote aandachtswaarde die de televisiereclame heeft, staan de relatief hoge kosten. Wenst men een bepaalde groep afnemers te bereiken, bijvoorbeeld de artsen, dan is de televisie meestal een minder geschikt medium dan een medisch tijdschrift.

Sommige aspecten van de televisiereclame vindt men terug in de bioscoopreclame. Maar via de bioscoop bereikt men uiteraard een beperktere groep dan via de televisie. De bioscoopbezoeker neemt betrekkelijk incidenteel een reclamefilmpje waar, terwijl de consument vrijwel iedere avond in aanraking komt met de reclameboodschappen op de televisie. Het herhalen, het inscherpen van de boodschap is dan ook typisch voor de televisiereclame en geschiedt nauwelijks door middel van de bioscoopreclame.

Tal van vormen van buitenreclame kunnen wij dagelijks waarnemen. De vliegtuigen die een bepaalde reclamezin in de lucht tekenen. De uit-

hangborden die, op in het oog vallende plaatsen geplaatst, een merkbeeld permanent onder de aandacht brengen. De affiches die op stations
duidelijk zichtbaar zijn. De mannen die in Parijs met een bord op hun rug
lopen teneinde bepaalde restaurants aan te bevelen. Een speciaal geval
van buitenreclame is de reclame op de vrachtauto's van ondernemingen.
Bekend is het geval van een onderneming die op strikt bedrijfseconomische gronden besloot over te gaan op een andere wijze van vervoer. Een
forse daling van de omzet was het gevolg, omdat het commerciële effect
van de reclame over het hoofd was gezien.

Uit deze beknopte opsomming van de verschillende typen van reclame
komt naar voren dat de reclamedeskundige ten behoeve van een goede in-
passing in het commerciële beleid een nauwkeurige voorstelling dient te
hebben van de kwalitatieve aspecten van de uiteenlopende media.

Advertentieanalyse

Met advertenties komen wij zo vaak in aanraking dat wij in deze paragraaf
enkele criteria bespreken voor de beoordeling van een advertentie. Daarbij zij vooropgesteld dat de verscheidenheid van advertenties naar type,
vorm en inhoud zo groot is dat de bespreking niet uitputtend kan zijn.

Een eerste facet van een advertentie betreft het zogenaamde *smash-effect*. Het gaat er dan om in hoeverre de advertentie op een originele, vin-
dingrijke wijze de commerciële boodschap overbrengt. Het smash-effect
kan een gevolg zijn van een goed gevonden tekst of van het presenteren
van bepaalde indringende beelden. Uiteraard speelt het smash-effect een
belangrijke rol bij de mate waarin de advertentie de aandacht trekt. De
creativiteit in de reclame vindt hier dan ook een belangrijk en dankbaar
aangrijpingspunt.

Een tweede aspect betreft de humor in de advertentie. Meestal werkt
een geestige tekst of een humoristische lay-out prikkelend. De advertentie wordt daardoor boven een zekere vlakheid uitgetild. Humor zonder
stijl ontaardt echter in platvloersheid. De humor dient ook een harmonisch geheel te vormen met de tekstbehandeling in het algemeen. Wat
dat betreft kan men zich een schier eindeloze reeks van mogelijkheden
voorstellen. De tekst kan kort, summier of lang en gedetailleerd zijn. Een

intelligente tekst staat naast een meer grove benadering. Een vrouwelijke tekst wordt afgewisseld met een manlijke; een hoogdravende met een ingehouden tekst. Hier is het met recht: 'Zo veel hoofden, zo veel zinnen.'

Van belang is in dit verband in hoeverre de tekst bijdraagt tot het suggestieve karakter van de advertentie. Op welke associaties wordt een beroep gedaan? Vaak speculeert men in een advertentie op snobisme, dat men bij iedereen meent waar te nemen. Stoere mannen roken indrukwekkende sigaren. Macho's drinken een bepaald merk bier. Soms suggereert een advertentie een voorspoedige carrière wanneer het aangeprezen goed wordt gekocht.

Een belangrijk complex van vragen betreft de technische uitvoering van de advertentie. Zo kan worden nagegaan of een geschikt lettertype is gebezigd en of de advertentie goed leesbaar is. Worden hoofd- en bijzaken goed gescheiden? Welke bijdrage levert de lay-out daartoe? Is het formaat van de advertentie aanvaardbaar, in verband met de oogmerken die men zich met de advertentie stelt? Een uiterst belangrijke vraag is of gebruik is gemaakt van kleuren. Meestal houdt het gebruik van kleuren in dat de advertentie in een heel andere klasse van reclameboodschappen kan worden ingedeeld. Daarbij is ook van belang van welke materialen gebruik is gemaakt, bijvoorbeeld foto's of tekeningen.

Een volgend criterium betreft het tijdgebonden karakter van de advertentie. Sommige advertenties gaan jaren mee, blijken tegen de tijd bestand. De meeste zijn echter vluchtige verschijningen aan de reclamehemel, die gedurende een beperkte periode hun werk doen.

Een advertentie dient niet alleen op onderdelen te worden beoordeeld, maar ook vanuit een meer integrale conceptie te worden beschouwd. De gehele compositie dient harmonisch te zijn en onderlinge binding te vertonen. Er behoort vaart in het geheel te zitten, een vaart die kan worden verstoord door een onevenwichtig element. Het geheel is meer dan de som van de delen.

Ten slotte merken wij op dat behalve deze meer artistieke facetten van de advertentie nimmer uit het oog mag worden verloren dat de advertentie een marketinginstrument is. Dit houdt in dat men zich dient af te vragen of de advertentie geslaagd is uit het oogpunt van de groep van afnemers die men wenst te benaderen. Een artistiek succes behoeft nog geen marketingsucces te zijn.

Doelstellingen en themakeuze

Een onderneming die reclame maakt beoogt een zodanige versteviging van de marktpositie dat daardoor de verkopen en de winst stijgen. In deze vorm past de doelstelling in het langetermijnbeleid van de onderneming. Voor het reclamebureau dat de campagne voor de onderneming opzet, is een dergelijke formulering van de doelstelling nog veel te vaag.

Het is van groot belang voor een doeltreffend reclamebeleid zich zo nauwkeurig mogelijk rekenschap te geven van het concrete oogmerk dat met een reclamecampagne wordt nagestreefd. Wanneer dit achterwege wordt gelaten worden de keuze van het thema en de media en de vaststelling van het budget een slag in de lucht. Zo maakt het een groot verschil of met de campagne wordt beoogd de omzet in een bepaalde periode met 5 procent te doen toenemen, dan wel of het in de eerste plaats gaat om de opvoering van de merkenbekendheid. Wanneer de bedoeling van de reclameboodschap geen andere is dan het meedelen van een wijziging in de kwaliteit van het product, worden andere eisen aan de vormgeving gesteld dan wanneer wordt gereageerd op een campagne van een concurrent.

Een precisering van het doel is ook noodzakelijk in verband met het vooraf testen van de boodschap. Tot op zekere hoogte is de keuze van het thema van de reclamecampagne enigszins willekeurig, omdat de producent verscheidene aspecten van zijn product zou kunnen belichten. De willekeur wordt echter verkleind en daarmee de trefzekerheid opgevoerd door precies voor ogen te houden wat het doel van de actie is. Men kan, alvorens de campagne op grote schaal te starten, verscheidene thema's testen door na te gaan welke uitwerking deze hebben op een bepaalde groep van consumenten. Het bekende thema van Heineken, 'Heerlijk, helder, Heineken', is niet in de eerste plaats ontstaan als een inval van een goede tekstschrijver, maar is veeleer het resultaat van een systematische analyse van de koopmotieven van de betrokken groep van afnemers. Het thema ontleent zijn beslissende kracht aan de juistheid van de inhoud.

Ook de nacalculatie van de campagne, het onderzoek naar de effectiviteit van de reclame, krijgt alleen inhoud door een nauwkeurige specificatie van het doel. Wanneer is becijferd dat voor de opvoering van de omzet met 10 procent een budget nodig is van 1 miljoen gulden, is het mogelijk achteraf te onderzoeken in hoeverre het doel is bereikt. Meent men echter dat met de reclame niet meer wordt beoogd dan een verbetering van de goodwill dan is het rendementsonderzoek van de reclame heel wat speculatiever.

Men streeft naar een meetbare fundering van het reclamedoel. Vaak gaat het daarbij niet alleen om één doel, maar om een spectrum van doelstellingen. Zo kan het er voor een bepaald merk om gaan, de bekendheid in een bepaald jaar op te voeren van 80 procent tot 85 procent, de voorkeur boven een concurrerend merk te vergroten van 10 procent tot 15 procent en het marktaandeel op te voeren van 30 procent tot 40 procent. Het reclamedoel is veelal multidimensionaal.

Wat het reclamethema betreft is het zinvol onderscheid te maken tussen de inhoud en de presentatie. Wanneer ondernemingen op een markt optreden waarbij de technische verschillen tussen de producten te verwaarlozen zijn, is er een neiging zich in de reclame van elkaar te onderscheiden door de presentatie van het thema, omdat de inhoud van de boodschap een te grote verwantschap vertoont. Een goed voorbeeld hiervan wordt op de benzinemarkt gevormd door de alom bekende boodschap: 'Stop een tijger in uw tank.' De aandachtswaarde die dit thema en daardoor het betrokken merk krijgt is niet gebaseerd op de intrinsieke eigenschappen van de betrokken benzine, maar uitsluitend op de welhaast schokkende presentatie van de opdracht een roofdier in de tank te stoppen.

Juist de presentatie van het thema vormt het natuurlijke speelterrein voor de zogenaamde creatieve afdelingen van de reclamebureaus. Uitgaande van de markttechnische doelstelling van de reclame is het schrijven van goede teksten en het ontwerpen van een goede lay-out een noodzakelijk complement van een geslaagde reclamecampagne. Dagelijks kan men in de kranten en op de televisie zelf waarnemen dat er geslaagde en minder geslaagde reclame-uitingen zijn. Hieruit blijkt dat niet alleen het bedrag dat voor reclame beschikbaar is van belang is, maar ook de kwaliteit van de campagne.

Naarmate de doelstelling van de reclamecampagne duidelijker is omschreven, worden ook de keuzemogelijkheden van de media ingeperkt. Een schoenfabriek die een nieuw type damesschoen wil aankondigen zal als medium voor de reclame niet een technisch tijdschrift kiezen. Is de bewuste schoen relatief duur dan heeft het geen zin reclame te maken in kranten die vooral worden gelezen in de lagere inkomensklasse. Wanneer de schoen vooral door jongere vrouwen wordt gedragen, is adverteren in damesbladen die vooral op de hogere leeftijdsklassen een aantrekkingskracht uitoefenen minder effectief dan het plaatsen van een moderne advertentie in een modern damesblad, dat vooral door de jongeren wordt gelezen.

Behalve deze overwegingen van kwalitatieve aard spelen juist bij de mediakeuze kwantitatieve aspecten een belangrijke rol. Wij illustreren dat door een concreet vraagstuk aan de orde te stellen. Stel men wenst door middel van een reclamecampagne 1 miljoen consumptiehuishoudingen te bereiken. Daarbij wordt geëist dat minstens 60 procent van de potentiële afnemers een inkomen heeft van meer dan 20.000 euro per jaar. De consumenten kunnen met behulp van twee media worden benaderd, namelijk een tijdschrift en de televisie. De kosten per medium verschillen aanzienlijk. Ook het aantal consumptiehuishoudingen dat met elk van de media wordt bereikt loopt zeer uiteen. Ten slotte is er ook geen gelijkheid ten aanzien van de aantallen consumenten die over een jaarinkomen van meer dan 20.000 euro beschikken.

Het probleem is nu welke combinatie van media het beoogde resultaat tegen zo laag mogelijke kosten verwezenlijkt. Daarbij is het denkbaar dat ten slotte uitsluitend een van de media zal worden gebruikt. Dat hangt uiteraard af van de gegevens van het vraagstuk en in het bijzonder van de kosten per medium. Beschikt men daarover, dan kan de oplossing worden vastgesteld.

Wijzigen zich de kostenverhoudingen van de media, dan is het denkbaar dat ook via de televisie boodschappen uitgezonden dienen te worden, terwijl dat aanvankelijk te duur was.

Voor de uiteindelijke beslissing omtrent de mediakeuze is vooral de overweging van belang dat de aandachtswaarde van het ene medium veel groter kan zijn dan van het andere. Zo kan men in het algemeen aannemen dat de televisiereclame de consument indringender bereikt dan de advertentie in het tijdschrift. Hoewel men ook dit aspect wel in een model kan onderbrengen door wegingscoëfficiënten in te voeren, blijven altijd ook kwalitatieve factoren de mediakeuze beheersen. Een goed inzicht in de kwantitatieve aspecten is echter noodzakelijk teneinde een indruk te krijgen van het offer dat wordt gebracht door op grond van kwalitatieve overwegingen van het optimum af te wijken.

Het reclamebudget

De vaststelling van de omvang van het budget is een van de neteligste vraagstukken in het kader van het reclamebeleid. De reclamebureaus hebben uiteraard de neiging voor opvoering van het budget te pleiten. De ondernemingen worden heen en weer geslingerd tussen de voordelen van een groot budget, namelijk de vermoedelijke toeneming van de verkopen, en de nadelen, die onder meer tot uiting komen in de hoogte van de kosten. Voor de onderneming is van groot belang de afweging van de uitgaven voor reclame en de overige instrumenten van de marketing mix. Een onderneming dient nimmer uit het oog te verliezen dat in plaats van een reclamebudget van 500.000 euro per jaar een behoorlijk vertegenwoordigersapparaat zou kunnen worden opgebouwd. Een dergelijk bedrag kan ook worden besteed aan nazorg van het product en serviceverlening. Omgekeerd heeft een grootscheepse landelijke reclamecampagne geen zin, wanneer het product niet behoorlijk is ingevoerd bij de detailhandel. Deze afweging hoort thuis in de vormgeving van het commerciële beleid op lange termijn, maar daarnaast dient regelmatig te worden nagegaan of de reclame de marketing beter dient dan de andere instrumenten van het beleid.

Bij wijze van vuistregel wordt in de praktijk het reclamebudget gesteld op een vast percentage van de omzet. Naarmate de omzet stijgt wordt een groter bedrag voor reclame uitgetrokken. Meestal berust dit niet op een analyse van de samenhang tussen omzet en reclame. Het ligt voor de hand de omzet als een functie van de reclame op te vatten. Het is echter niet waarschijnlijk dat elke extra reclame-inspanning steeds een evenredige omzettoeneming ten gevolge heeft. Er kan sprake zijn van afnemende meeropbrengst. Wanneer de omzet om andere redenen, bijvoorbeeld bevolkingsgroei, toch stijgt is het ondoelmatig meer voor reclame uit te geven, want daardoor gaat de omzet niet verder omhoog. Omgekeerd is het heel goed denkbaar dat juist een aanzienlijk hoger budget verantwoord is, teneinde bepaalde doeleinden te bereiken waarbij men zich een voorstelling maakt van het huidige of verwachte omzetniveau. Zo is eerder opgemerkt dat pas voorbij een zekere drempel succes kan worden verwacht van de extra reclame-inspanning. Meestal is het te mechanisch het budget te bepalen met behulp van het vaste percentage van de omzet. Het bezwaar dat de methode veeleer naar het verleden dan naar de toekomst kijkt, kan worden ondervangen door het vaste percentage te relateren aan de verwachte omzet.

Soms wordt het budget vastgesteld op grond van de door de concurrenten voor reclame genoteerde bedragen. Uiteraard is dit ook een erg willekeurige procedure. Men maakt zich wederom los van de oogmerken die men met de reclame wenst te bereiken, terwijl er geen enkele garantie is dat de budgetten van de concurrenten op een meer geavanceerde wijze zijn bepaald.

Reeds is herhaaldelijk betoogd dat de doelstellingen van de reclame nauwkeurig dienen te worden gepreciseerd en zo veel mogelijk moeten worden gekwantificeerd. Aan de hand daarvan kan worden begroot welke media zullen worden gehanteerd en met welke frequentie zulks dient te geschieden. Langs deze weg kan een zogenaamd taakstellend budget worden opgesteld. Het grote voordeel daarvan is dat een rechtstreeks verband wordt gelegd tussen de te verwachten resultaten van de campagne en de financiële offers. Het onderzoek naar de effectiviteit van de reclame is dan een natuurlijk sluitstuk van de budgettering. De grote reclamebureaus in ons land volgen in toenemende mate deze werkwijze.

In dit hoofdstuk is overwegend gedacht aan de publieksreclame, dat wil zeggen de op de finale consument gerichte activiteit van de ondernemingen om hun producten onder de aandacht te brengen. De industriële reclame waarbij de producent zich richt tot de industrie is daarmee buiten beschouwing gebleven. Het behoeft geen betoog dat deze vorm van reclame een ander karakter draagt dan de publieksreclame. Een fabrikant van textielmachines zal zich niet via de televisie tot de textielindustrie richten.

Ook het reclamebureau kwam slechts terloops ter sprake. In Nederland zijn verscheidene bureaus werkzaam die zich in het kader van de EEG ook steeds meer internationaal oriënteren. Tal van reclamecampagnes krijgen in toenemende mate een internationaal karakter. In het reclamebureau komt de koele marktonderzoeker tezamen met de meer kunstzinnige tekstschrijver. De account executive (AE), die meestal een of meer accounts van cliënten beheert, heeft tot taak de vaak uiteenlopende werkzaamheden tot een harmonisch geheel samen te voegen, zodat een goedlopende campagne ontstaat. Op het tekstschrijven, het kiezen van goede lettertypen, kleuren en beelden en het fotograferen zijn wij niet ingegaan, omdat daardoor de grenzen van de marketing te zeer worden overschreden. Maar uitdrukkelijk zij nog eens herhaald hoezeer juist de creatieve activiteit van het reclamebureau beslissend is voor de kwaliteit van de campagne en daarmee het succes van de reclame.

Ook creativiteit kost geld. Dit geld dient door de onderneming te worden opgebracht. Daarom is achteraf een rendementsanalyse van de in reclame geïnvesteerde bedragen noodzakelijk. Een eenvoudig voorbeeld daarvan kwam reeds ter sprake. Nagegaan werd of de merkenbekendheid door de reclame inderdaad is toegenomen. Het onderzoek naar de effectiviteit van de reclame kan uiteraard uitgebreider en gecompliceerder zijn. Gecompliceerder, omdat in werkelijkheid in een bepaalde periode verscheidene factoren simultaan veranderen en elkaar ook onderling beïnvloeden. Door een nauwkeurige analyse van deze samenhang, het verzamelen van de relevante statistische gegevens en het toepassen van adequate technieken kunnen deze moeilijkheden worden overwonnen.

Het reclamebeleid maakt deel uit van het promotiebeleid. De kern van het promotiebeleid wordt gevormd door de communicatie. De promotie van de onderneming is gericht op een goede communicatie met de consumenten en de tussenhandel. Daarnaast zijn er allerlei instanties en groepen in de samenleving waarmee de onderneming goede betrekkingen wil onderhouden. Dat aan deze externe communicatie de interne voorafgaat leert in ons land de gang van zaken bij de Nederlandse Spoorwegen. De verhouding van de leiding van de onderneming met de werknemers op de werkvloer, de machinisten en de conducteurs is buitengewoon slecht. De Nederlandse Spoorwegen staan als zeer klantonvriendelijk te boek. Dit gebrek aan externe communicatie berust op de slechte interne verhoudingen. Mensen die geen plezier in hun werk hebben, zijn geen goede ambassadeurs van de onderneming waar zij werken. Zij verkopen de onderneming en de goederen van de onderneming slecht. Er zijn in Nederland ook voorbeelden van ondernemingen waar interne en externe communicatie goed samengaan en tot goede resultaten leiden, zoals VISA Card Services en Ahold. Onder deze omstandigheden groeit de marketing uit tot relatiemarketing.

Met behulp van internet, waardoor de technische mogelijkheden voor snelle en zorgvuldige communicatie onbeperkt zijn, kan het promotiebeleid verder worden verbreed en verdiept door de technische netwerken te combineren met goede persoonlijke verhoudingen. Aanknopend bij de versterkte positie van de consument kan de onderneming op individuele basis contacten opbouwen met de klanten.

Praktische illustratie

De onderneming ABC n.v. te A. verkoopt wasmiddelen onder de merknaam ABC op landelijke schaal. Tot nu toe heeft de onderneming echter geen consumentenreclame gevoerd voor dit merk. Alle reclameactiviteiten waren op de groot- en kleinhandel gericht. De verkoopleider is van mening dat het aanbeveling verdient het merk actiever te pousseren bij de consumenten. De directie van de onderneming meent daarentegen dat de merkbekendheid zo groot is dat reclame-inspanningen in dit geval nauwelijks enig effect zullen hebben. Zij geeft daarom aan de marktonderzoeksafdeling van de onderneming de opdracht de merkbekendheid bij de consumenten te meten en vervolgens na te gaan of en in hoeverre door een grotere merkbekendheid de omzet zal stijgen.

Wat dit eerste punt betreft wendt de marktonderzoeksafdeling zich tot een extern marktonderzoeksbureau. Na gezamenlijk overleg besluit men de volgende methode toe te passen: op een blad papier worden vijftien verschillende merknamen en -beelden afgedrukt waaronder ook ABC. Deze merknamen hebben betrekking op zeer uiteenlopende producten, maar behalve ABC komt er geen wasmiddel op voor. Dit blad wordt aan 2000 huisvrouwen getoond, waarna aan hen wordt gevraagd, welke producten zij kunnen associëren met deze merknamen en merkbeelden.

Vanzelfsprekend is een meting zonder meer weinig zinvol, omdat uit de meting geen richting voor het eventueel te voeren reclamebeleid kan worden afgeleid. De marktonderzoeksafdeling wil zelf de merkbekendheid weten, gesplitst naar socio-economische kenmerken, zoals welstandsklasse, plattelands- of stadsgezin en gezinsgrootte. De verkoopleider wil een classificatie naar verkoopdistrict.

De directie van de onderneming wil uiteindelijk toch wel weten hoe groot de merkbekendheid is van concurrerende wasmiddelen. Het marktonderzoeksbureau stelt voor een vraag in te lassen, waarbij de ondervraagde huisvrouw nog meer merken van wasmiddelen die zij kent moet opnoemen. Het bureau beveelt aan de vraag zodanig in te kleden dat het voor de ondervraagde lijkt alsof het toeval is dat de interviewer een vraag stelt over wasmiddelen.

Marketing in de wereld van Noa

In *Economie in een notendop* is een schets gegeven van de nieuwe wereld waarin onze kleindochter Noa van twee jaar opgroeit. De traditionele productiefactoren arbeid en natuur krijgen steeds meer het karakter van consumptiegoed. De feitelijke invulling van de vierentwintiguurseconomie, waarin iedereen consumeert en werkt overeenkomstig individuele voorkeuren, schrijdt verder voort. Flexibele arbeidstijden worden gemeengoed. Ondersteund door internet en de informatietechnologie worden de consumenten de managers van onze samenleving.

Deze ontwikkeling laat de plaats van de marketing in ons economisch leven niet onberoerd. De nadruk wordt verlegd van aanbodgestuurde naar vraaggedreven marketing. De mondige consument beschikt over zo veel informatie dat geïndividualiseerde producten en productcombinaties worden gevraagd. Productinnovaties berusten minder op inspiratie aan de aanbodzijde en meer op uitgesproken wensen aan de vraagzijde. De marketing schuurt daardoor steeds dichter tegen de consumenten aan. Het prijsbeleid ondergaat een ingrijpende wijziging, niet alleen omdat consumenten beter op de hoogte zijn dan voorheen, maar ook omdat zij via internet gezamenlijk een vuist kunnen maken en kortingen kunnen afdwingen. Bovendien is sprake van steeds fellere, wereldwijde concurrentie. Ook het distributiebeleid als onderdeel van de marketing mix staat op de tocht. Consumenten nemen het initiatief en kunnen distributieschakels overslaan. De boekenmarkt illustreert welke veranderingen ons te wachten staan. Zo zal in de naaste toekomst de vaste boekenprijs niet houdbaar blijken te zijn. Het prijsbeleid van uitgeverijen komt op de helling, in samenhang met het distributiebeleid. Het reclame- en promotiebeleid wordt in toenemende mate geconcentreerd op de individuele consument, die reeds over veel informatie beschikt en steeds minder gevoelig is voor suggestieve reclame-uitingen. Een consument die via internet een boek op een bepaald gebied heeft gekocht, krijgt automatisch nieuw verschenen boeken op dit terrein aangeboden. De op het individu toegesneden informatietechnologie komt in de plaats van collectieve reclame.

Tegen deze achtergrond is het heel begrijpelijk dat een steeds grotere betekenis toekomt aan de direct marketing in de wereld van Noa. Door direct marketing wordt rechtstreeks met de consument gecommuniceerd. Vroeger vooral met behulp van direct mail en de catalogi van postorderbedrijven. Tegenwoordig via telemarketing, televisiemarketing en on line winkelen. Kopen via de telefoon en internet heeft grote voordelen voor de moderne consument. Verkeersproblemen en wachttijden worden vermeden. Vrouwen nemen niet alleen in grotere getale deel aan het arbeidsproces, zij nemen ook steeds belangrijker posities in. Hierdoor wordt de tijd voor winkelen verder ingeperkt. De uiteenlopende vormen van direct marketing zijn dan een uitkomst. In Nederland bestaat een overkoepelende organisatie, de Nederlandse Associatie voor Direct Marketing, Distance Selling en Sales Promotion, kortweg DMSA, die in Amsterdam is gevestigd.

De netwerkeconomie is in het bijzonder van toepassing op de marketing van diensten. Hierbij kan men denken aan de diensten van een arts, een kapper, een notaris, een bank, een verzekeringsmaatschappij, maar ook aan de diensten van de overheid. Diensten worden in onze samenleving steeds belangrijker. De kwaliteit van de dienstverlening is rechtstreeks afhankelijk van de kwaliteit van het personeel van de dienstverlenende ondernemingen en organisaties. Interne communicatie en interne marketing zijn daarom van groot belang voor de uiteindelijke prestatie. Sterker nog dan in het geval van producten, hangt deze af van het samenspel tussen koper en verkoper van de dienst. Deze interactie is door de mondigheid van de consument steeds minder eenzijdig. Wie de Nederlandse met de Amerikaanse samenleving vergelijkt kan niet anders dan concluderen, dat wij nog een grote achterstand hebben in onze dienstverlening. Een goed voorbeeld hiervan is het taxibedrijf in Amsterdam. Door de taximarkt te liberaliseren kan worden bereikt, dat de taxibedrijven klantvriendelijke diensten leveren tegen aanvaardbare prijzen.

Internet biedt een geheel nieuwe methode voor het doen van marktonderzoek en het opbouwen van een merk. Er kan veel sneller, omvangrijker en diepgaander een beeld worden gevormd van het gedrag van de consumenten. In Nederland is Pro Active International het eerste markt-onderzoeksbureau dat zich volledig toelegt op online onderzoek.

Tot voor kort was de marketing van de dienstverlening van advocaten, artsen, accountants en notarissen ongebruikelijk. De wereld verandert echter. Informatiestromen worden breder, dienstverleners raken steeds meer gespecialiseerd, regelgeving wordt ingewikkelder en overzicht gaat teloor. Geen wonder dat onder deze omstandigheden het vragen van aandacht voor commerciële en niet-commerciële dienstverlening, voor politiek en religie en voor goede en slechte doelen belangrijker wordt. Men onderscheidt zich en wil het onderscheid voor het voetlicht brengen. De omgeving verandert, de doelgroepen zijn dagelijks in beweging en de aanbieders van producten, diensten, natuur, open ruimte, milieu, opinies, programma's en overtuigingen vernieuwen zichzelf voortdurend. In die wereld van Noa is marketing de natuurlijke constante in de bewogen beweging.

Literatuur

Eunen, E.A. van en F.F.O. Holzhauer, *Marketing in hoofdlijnen*, tweede druk, Stenfert Kroese, Houten, 1994

Gelderman, C.J. en A.W.C. van der Hart, *Business marketing*, Stenfert Kroese, Houten, 1995

Kotler, P., G. Armstrong, J. Saunders en V. Wong, *Principes van Marketing, de Europese Editie*, Academic Service, Schoonhoven, 1996

Leeflang, P.S.H., *Probleemgebied marketing*, delen I en II, derde druk, Stenfert Kroese, Houten, 1997

Leeflang, P.S.H. en F.J.Ch.M. van Rooy, *Leerboek Marketing*, Stenfert Kroese, Houten, 1995

Molenaar, C.N.A., *E.-strategie*, Prentice Hall, Londen 2000

Verhage, B., *Strategisch marketing management*, tweede druk, Stenfert Kroese, Houten, 1996

Verhage, B., *Grondslagen van de marketing*, derde druk, Stenfert Kroese, Houten, 1997

Vries, W. de, *Milieumarketing*, EPN, Houten, 1995

Vries, W. de, J.D.P. Kasper en P.J.C. van Helsdingen, *Dienstenmarketing*, tweede druk, EPN, Houten, 1997

Bij de universiteiten houden velen zich actief met marketing bezig. In Rotterdam: G.H. van Bruggen, F.M. Go, P.M.H.H. Matthijssens, A.Th.H. Pruyn, W.F. van Raaij, A. Smidts, J.B. Voldering, E. Waarts en B. Wierenga. In Tilburg: T.H.A. Bijmolt, R.T. Frambach, P.A.V. Naert, W.J.Oomens, F.G.M. Pieters, W.J.M. Reijnders en Th.M.M. Verhollen. In Nijmegen: J.W.J. Beentjes, C.P.M. Haak, E.H. Hollander, K. Renckstorf en L.B. van Snippenburg. In Wageningen: G. van Dijk, J.H.A. Kroeze, J.E.B.M. Steenkamp, A. van Tilburg en J.C.M. Trijp. In Groningen: J.C. Hoekstra, K.R.E. Huizingh, P.S.H. Leeflang, M. Wedel, D.R. Wittink en P.S. Zwart. Bij Nijenrode: F.W.I. Lachotzki, H.S.J. Robben en A. van der Zwan. In Amsterdam: W. Driehuis, M.W. de Jong, R.P. van Kind, E. van Peelen, N. Cohen en J.H.J.P. Tettero. Een belangrijk instituut dat opleidingen verzorgt over marketing is het in Amsterdam gevestigde NIMA.

Register